GU Kompass
Feng Shui
Die Kunst des Wohnens

Fragen, Antworten, Tipps

Jie Qian ist in einer chinesischen Familie aufgewachsen, in der die Tradition des Feng Shui seit Generationen gepflegt wird. Sein Wissen hat er vor allem von seinem Großvater. Der Autor lebt seit 11 Jahren in Deutschland und arbeitet jetzt als Feng-Shui-Berater und freischaffender Künstler. Ziel seiner Arbeit ist es, alte chinesische Weisheiten der westlichen Kultur zugänglich zu machen und passende Möglichkeiten zu ihrer praktischen Umsetzung aufzuzeigen.

INHALT

EIN WORT ZUVOR

Bereits seit vier Generationen besteht eine innige Verbindung meiner Familie mit der Lehre von Feng Shui. Nach dem Tod meines Großvaters, der bis 1984 in China als Feng-Shui-Berater tätig war, legte ich erst 18-jährig zusammen mit meinem Vater nach den Regeln von Feng Shui eine Obst- und Gemüseplantage an, die heute noch von meiner Familie bewirtschaftet wird. Es stellte sich bald ein beachtlicher Erfolg ein und ich durfte an der TU München in Weihenstephan mein Fachwissen vertiefen.

Geprägt durch meine lange Familientradition im Umgang mit Feng Shui versuchte ich auch in Deutschland, diese fernöstliche Lehre der Harmonie weiterzuverbreiten und die Anwendungsformen auf westliche Maßstäbe und Kultur zu übertragen.

In diesem Buch möchte ich unsere Erfahrungen weitergeben. Dabei ist es mein Ziel, dem Leser mehr Harmonie im Leben, Gesundheit sowie privates und berufliches Glück zu verleihen. Mit Hilfe der mir am häufigsten gestellten Fragen werden die Grundprinzipien von Feng Shui erläutert sowie ihre Anwendung für die Gesundheit, für Liebe, Partnerschaft und Kinder. Tabellen zeigen die zahlreichen Zusammenhänge auf, ein Glossar mit den wichtigsten Begriffen macht die fernöstliche Philosophie greifbarer.

Jie Qian

FENG-SHUI-GRUNDLAGEN

Zunächst war ich etwas überrascht, dass die zwei chinesischen Wörter Feng und Shui inzwischen auch in der westlichen Welt in aller Munde sind. Aber andererseits verwundert es auch wieder nicht, denn diese Lehre von der Harmonie ist universal gültig und in jedem Kontinent und Land wirksam.

Feng Shui bedeutet wörtlich übersetzt »Wind und Wasser« und hat auch viel mit dem Zusammenspiel von Naturkräften zu tun: Die fernöstlichen Weisheiten basieren auf dem Wissen über einen harmonischen Energiefluss, den Lehren von Yin und Yang, von den Fünf Elementen und von der Verteilung des Energieflusses nach der Bagua-Theorie. Die in den einzelnen Kapiteln zu diesen Bereichen gestellten Fragen bekomme ich bei meinen Beratungsgesprächen am häufigsten zu hören. Sie sind deshalb auch bestens geeignet, um dem westlichen Menschen einen leichten Zugang zur Lehre von Feng Shui zu ermöglichen. Weitere Erläuterungen und praktische Tipps machen diese Philosophien noch greifbarer. Dann werden Sie einen Weg bis zum »vollkommenen Sein« – auch Tao genannt – gehen können, wie der weise Spruch von Laotse besagt: »Der Mensch folgt der Erde, die Erde folgt dem Himmel, der Himmel folgt dem Tao, das Tao folgt dem Gesetz des Universums«.

HINWEIS:

Gleich zu Beginn des Buches möchte ich darauf hinweisen, dass in diesem Kompass nur die wichtigsten Grundlagen von Feng Shui erklärt werden können. Es fehlen aus Platzgründen zum Beispiel Ausführungen über die Vier Himmlischen Tiere. In meinen Antworten und Ratschlägen können Sie aber von dem gesamten Feng-Shui-Wissen profitieren.

WIE DEFINIERT MAN FENG SHUI?

Die Lehre von Feng Shui basiert auf einer jahrtausende-
alten chinesischen Tradition und Kultur. Sie geht davon
aus, dass die Umwelt, die Natur stark unser Leben beeinflussen und die Qualität der Umgebung auch unsere
Lebensbereiche, den Zustand unseres Körpers und unserer
Organe widerspiegelt. Feng Shui gibt Antworten auf die
Frage, wie und warum diese Faktoren unser Leben prägen.
Befindet sich die Umgebung in Harmonie, steht dem Glück
im Leben, einer stabilen Gesundheit und einer harmonischen Ehe nichts mehr im Wege.

Ein gutes Feng Shui setzt also ein harmonisches Umfeld
voraus, angefangen bei unseren Zimmern bis hin zur
Umgebung der Wohnung oder des Hauses. Feng Shui
liefert uns das notwendige Handwerkszeug, um Harmonie
mit unserem Umfeld herzustellen. Hierzu gehört unter
anderem die Anwendung von Yin und Yang, der Fünf
Elemente und des chinesischen Horoskops.

BEEINFLUSST FENG SHUI UNSER LEBEN?

Nach der Lehre von Feng Shui ist alles mit allem verbunden: Wir Menschen leben in einem natürlichen System,
sind ein Teil von ihm und stehen mit unserem gesamten
Umfeld in enger Verbindung. Die Natur unterliegt ihren
eigenen, immerwährenden Gesetzen. Wir sollen nach
diesen Regeln leben und dazu beitragen, den Einklang
zwischen Mutter Natur und den Menschen zu fördern.
Missachten wir die Naturgesetze, fördern wir das Chaos.
Dadurch entsteht Disharmonie, also negatives Feng Shui,
das Unglück und Krankheit nach sich zieht.

WAS VERBIRGT SICH HINTER CHI?
WELCHEN EINFLUSS HAT ES AUF UNS?

Nach der Lehre von Feng Shui geben alle Wesen in der Natur Energie ab, diese füllt die Welt aus und wird als Chi bezeichnet. Ohne sie ist keine Existenz möglich. Chi kann materiell oder auch energetisch sein, sichtbar oder unsichtbar. Es soll harmonisch und auf sanfte Art schwungvoll fließen. Diese förderliche Form von Chi wird auch als »Sheng Chi« bezeichnet.

Nach der Lehre von Feng Shui sind wir ein Abbild der Natur. Fließt Chi in unserer Umgebung frei, unblockiert und in sanften Schwüngen, werden wir gut mit Lebenskraft versorgt, fühlen uns wohl und gesund. Maßnahmen, die man im Sinne von Feng Shui durchführt, zielen immer darauf ab, positive und harmonische Energie in unserer Umgebung zu erzeugen, zu veredeln und mit uns zu verbinden.

WAS IST EIN NEGATIVES FENG SHUI?

in negatives, schädliches Feng Shui liegt zum Beispiel dann vor, wenn sich der Energiezustand von Yin und Yang (➤ Seite 9) in Disharmonie befindet. Ebenso kann eine Unausgewogenheit der Fünf Elemente (➤ Seite 12), die in direktem Zusammenhang mit unserem Körper, unseren Lebenbereichen und den Beziehungen zu unseren Mitmenschen stehen, ein negatives Feng Shui verursachen. Dies gilt auch für die sogenannte Sha-Energie (➤ nächste Seite). Deshalb muss die Disharmonie durch Maßnahmen im Sinne von Feng Shui und spezielle Hilfsmittel ausgeglichen werden, um Gesundheit, Glück und Wohlbefinden zu erreichen.

WAS VERSTEHT MAN UNTER SHA-CHI?

Sha-Chi wird auch als störende Energie bezeichnet, es handelt sich um einen schnellen, geraden und aggressiven Energiefluss. Er kann zum Beispiel entstehen auf einem schnurgeraden Weg zum Eingang des Hauses oder einem langen Flur. Um dieses Extrem zu vermeiden oder zumindest zu mildern, sollte man in gerade Wege soweit als möglich sanfte Schwünge einbauen oder etwa am Eingang als Schutz mit Sand gefüllte Gefäße oder Löwenskulpturen aufstellen. Der ideale Energiefluss folgt einer geschwungenen, S-förmigen Linie – ähnlich der Trennlinie im Yin- und Yang-Symbol.

WAS VERBIRGT SICH HINTER DEM BEGRIFF ENERGIEFREQUENZ?

Nach der Lehre von Feng Shui strahlen alle belebten und unbelebten Dinge in der Natur eine individuelle Chi-Schwingung aus, die so genannte Energiefrequenz. Sie kann positiv oder negativ sein. Wichtig ist zu wissen, wo schädliche, negative Energiefrequenzen entstehen: Wenn Sie neben einem Gebäude mit besonders scharfen Mauer- oder Dachkanten leben, werden Sie dessen aggressive Frequenz so stark spüren, dass Sie sich dort schon intuitiv unwohl fühlen. Weitere Quellen einer negativen Energiefrequenz sind Hinweisschilder, Laternenmasten, Fahnenstangen und Schornsteine. Im Haus sind es im Giebel eingebaute Balkone, Möbelkanten, vorstehende Zimmerecken, kantige Säulen, Kabel, Rohre und auch Elektrogeräte. Die negative Energiefrequenz muss in eine positive umgewandelt oder zumindest abgeschwächt werden. Durch einfache Feng-Shui-Hilfsmittel und -Maßnahmen kann man diese »rohe« Energie verfeinern und wohltuend verändern.

WAS IST DAS WESEN VON YIN UND YANG?

Alles Existierende wird nach chinesischer Weltanschauung zwei gegensätzlichen, aber dennoch ineinander übergehenden Polen zugeordnet, dem weiblichen Pol Yin und dem männlichen Yang. Yin hat einen Bezug zur Kälte, zur Nacht, zum Passiven und zur Stille, Yang hingegen zur Wärme, zum Tag, zum Aktiven und zur Bewegung. Ohne Yin kann Yang nicht existieren und umgekehrt, die jeweiligen Pole ergänzen und durchdringen sich gegenseitig.

TIPP:

Das Yin- und Yang-Symbol ist das einzige universell einsetzbare Feng-Shui-Hilfsmittel. Es gewährt uns Schutz, Energie und Sicherheit. Je nach persönlichem Geschmack können Sie es am Körper tragen oder in der Wohnung einsetzen.

WIE WIRKEN SICH YIN UND YANG AUF UNSER LEBEN AUS?

Die Antwort gibt das chinesische Sprichwort: »Nur wer dem natürlichen Lauf von Yin und Yang folgt, kann in Harmonie leben.« Das Ziel der Feng-Shui-Maßnahmen liegt immer auch im Ausgleich und in der Harmonisierung der Yin- und Yang-Aspekte. Dies gilt für die Umgebung und den Garten genauso wie für die Wohnung. Befinden sich beide Kräfte nicht im Gleichgewicht, sind Disharmonie und schlechtes Feng Shui die Folge. Herrscht umgekehrt in unserer Umgebung eine Ausgewogenheit zwischen Yin und Yang, wird auch ein positives Feng Shui wirken. Dies bezieht unseren Körper ebenfalls mit ein: Ist die Harmonie von Yin und Yang gestört, können bestimmte Krankheiten begünstigt werden.

WAS ZÄHLT ZU DEN HÄUFIGSTEN YIN- UND YANG-ERSCHEINUNGEN?

Yin dominiert in unserer Wohnung vor allem dann, wenn sie mit sehr dunklen Möbeln und spärlicher Beleuchtung ausgestattet ist. Auch kalte und feuchte Luft hat einen starken Yin-Charakter. Zu den typischen Yin-Störungen unserer Gesundheit zählen niedriger Blutdruck, Müdigkeit, Depressionen und Unterleibsbeschwerden. Yang dominiert dann, wenn die Umgebung sehr hell oder die Wohnung mit großen Fenstern und eckigen Möbeln ausgestattet ist. Wärme und trockene Luft tragen auch den Charakter von Yang. Zu den typischen Yang-Störungen zählen hoher Blutdruck, Hyperaktivität, Reizbarkeit und Entzündungen.

Yin	Yang	Yin	Yang
weiblich	männlich	Nacht	Tag
schwer	leicht	Haut	Knorpel
klein	groß	Knochen	Sehnen
innen	außen	Lunge	Dickdarm
weich	hart	Herz	Dünndarm
trüb	klar	Leber	Galle
nass	trocken	Milz	Magen
kalte Farben	warme Farben	Durchfall	Verstopfung
Erde	Himmel	Ausatmen	Einatmen
Mond	Sonne	Müdigkeit	Rastlosigkeit
Winter	Sommer	Appetitmangel	Heißhunger

TIPP:

Die obige Aufzählung hilft Ihnen, die Gegenpole zu erkennen und ein besseres Feng Shui zu erzielen: Um zum Beispiel ein dominantes Yin auszugleichen, fügen Sie Yang-Komponenten hinzu und umgekehrt.

WAS VERSINNBILDLICHT DAS YIN- UND YANG-SYMBOL?

Seit mehr als 5000 Jahren beinflussen Yin und Yang die chinesische Kultur und nicht zuletzt auch Feng Shui. Dessen Grundsätze fasst das Yin-Yang-Symbol zusammen:

➤ Der Kreis mit den schwarzen und weißen Flächen symbolisiert das Universum, das aus Yin und Yang besteht. Jede Hälfte steht für Ausgewogenheit und Harmonie.

➤ Die gleiche Größe der weiß und schwarz dargestellten Flächen symbolisiert den Idealzustand der Harmonie , der für unser Leben so wichtig ist.

➤ Ein kleiner schwarzer Kreis liegt in der weißen Hälfte und umgekehrt. Das bedeutet, dass Yin und Yang ineinander fließen und nicht in reiner Form existieren. Im übertragenen Sinne könnte man sagen: Es gibt keinen Vorteil ohne Nachteil.

➤ Die schwungvolle S-Linie zeigt den fließenden Übergang zwischen Yin und Yang. Nach dem Feng-Shui-Prinzip sollen auch Wege, Flure und Treppen nie gerade verlaufen, sondern sanft geschwungen sein.

➤ Der oberste Teil sagt uns, dass dort, wo Yang am dominantesten ist, das Yin zu existieren beginnt und umgekehrt – alles auf der Welt ist in einem ständigen Wandel begriffen.

➤ Die runde Form dominiert im Symbol. Sie erinnert daran, dass sie für einen förderlichen Energiefluss viel vorteilhafter ist als eine kantige.

➤ Die beiden Hälften von Yin und Yang ähneln zwei Delphinen. Sie stehen symbolisch für Liebe und Untrennbarkeit, deshalb sind Delphin-Paare als Hilfsmittel für die Partnerschaft sehr effektiv.

➤ Das Zeichen symbolisiert auch familiäre Harmonie und Glück. Die beiden Hälften stellen die Eltern dar, der schwarze und der weiße Kreis stehen für Tochter und Sohn. Alle leben untrennbar unter einem Dach, dem großen Kreis.

WAS VERSTEHT MAN UNTER DEN FÜNF ELEMENTEN?

Zu den Fünf Elementen zählen in der chinesischen Philosophie Holz, Feuer, Wasser, Erde und Metall. Hierbei sollte man jedoch diese Begriffe nicht nur materiell auffassen, es verbirgt sich viel mehr dahinter: Die Fünf Elemente beschreiben alles, was uns umgibt – das Sichtbare und Unsichtbare, das Materielle und Geistige. Hierzu zählen zum Beispiel bestimmte Jahreszeiten, Himmelsrichtungen, menschliche Gefühle, Organe, Körperteile und Krankheiten. Alles wird nach seinen Eigenschaften den Elementen Holz, Feuer, Erde, Metall und Wasser zugeordnet. Diese beeinflussen sich gegenseitig in je einem sogenannten fördernden und kontrollierten Kreislauf (➤ rechts).

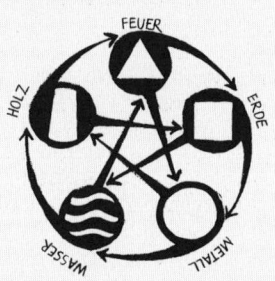

Die Zeichnung verdeutlicht auch, dass Menschen, Erde und Himmel eine Einheit bilden. Der äußere Kreis, der alle Elemente umschließt, weist auf das Universum hin. Alle Dinge, angefangen von der Himmelsrichtung über die Jahreszeiten bis zu den menschlichen Organen und Charakteren sind nie isoliert zu sehen. Einerseits wirken sie gegensätzlich, andererseits aber auch ergänzend aufeinander.

WIE BEEINFLUSSEN SICH DIE FÜNF ELEMENTE GEGENSEITIG?

Die fünf Elemente versinnbildlichen die Bewegung und den Wandel als Lebensgrundlage für die Natur. Sie bilden je einen schöpferischen und kontrollierten Kreislauf: Ein Element fördert das nächste, und dieses wiederum eine anderes. Umgekehrt übt jedes Element auch einen kontrollierenden und schwächenden Einfluss auf ein anderes aus. Jedes Element wird demnach sowohl gefördert als auch kontrolliert. In kurzer Form kann man sagen:

➤ Holz nährt das Feuer und kontrolliert die Erde
➤ Feuer nährt die Erde und kontrolliert das Metall
➤ Erde nährt das Metall und kontrolliert das Wasser
➤ Metall nährt das Wasser und kontrolliert das Holz
➤ Wasser nährt das Holz und kontrolliert das Feuer

Dieses gegenseitige Beeinflussen geht so lange, bis sich der Kreislauf wieder schließt. Die Zeichnung zeigt uns, wie sich die Elemente gegenseitig stärken, begünstigen und auch ohne negative Folgen kontrollieren können. Sie erläutert uns dazu die besten Wege, alle Elemente ins Gleichgewicht zu bringen und für einen harmonischen Kreislauf zu sorgen.

Feng Shui geht davon aus, dass sich auch jede Form, jede Farbe oder jeder Gegenstand in einem ständigen Wandel befindet. Jedes Teil fördert und kontrolliert das andere. Deshalb interpretiert man nach Feng Shui ein Verhalten, eine Erscheinung oder auch eine bestimmte Krankheit nicht ausschließlich als positiv oder negativ, sondern achtet vielmehr darauf, welche Funktion das zugehörige Element für den gesamten Kreislauf hat.

WIE ERKENNE ICH DIE FÜNF ELEMENTE IN MEINER WOHNUNG?

➤ Holz:

Zu diesem Element gehören Möbel und Accessoires, Böden und Wände aus Holz, alle Polstermöbel, Säulen, Balken und Sockel sowie alle Formen, die hoch aufstrebend und rechteckig sind, alle grünen und hellblauen Farbtöne und alle Zimmerpflanzen.

➤ Metall:

Zu diesem Element zählen alle Gegenstände aus Metall einschließlich Kunstwerken, natürliche Kristalle und Edelsteine, runde, ovale und kugelige Gegenstände, weiße und silbrige Farben, Schmuck, Geld, Uhren und Glocken.

➤ Feuer:

Zu diesem Element gehören Lampen, Kerzen, das Sonnenlicht, Öfen und Kamine, Lederwaren, rote, dreieckige und pyramidenförmige Gegenstände, Bilder von Türen und der Sonne sowie Möbel aus Kunststoff.

➤ Erde:

Zu diesem Element werden gerechnet: Gegenstände aus Lehm, Ton, Keramik, Ziegel, quadratische und rechteckige Möbel, gelbe Farben und Erdtöne, auch Bilder mit Feldern und Wüsten.

➤ Wasser:

Zu diesem Element zählen reflektierende und glänzende Kristalle, Glas und Spiegel, wellige, unregelmäßige Formen, schwarze und dunkelblaue Gegenstände, abstrakte Malerei, Muscheln sowie Skulpturen von Fischen.

WIE ERREICHE ICH EINE HARMONIE DER FÜNF ELEMENTE?

Ist ein Element im Kreislauf zu dominant oder schwach, kann dies zu einem Ungleichgewicht führen. Voraussetzung für ein günstiges Feng Shui ist immer, dass alle fünf Elemente ausgewogen miteinander verbunden sind – hierdurch entsteht ein harmonischer Energiefluss. Gerät jedoch die Energie aus der Bahn, kann die Gesundheit beeinträchtigt werden und Unglück auftreten.

Überwiegt zum Beispiel in der Wohnung das Element Holz, kann dies zu Streitigkeiten in der Ehe, zu Missverständnissen und auch zu mangelndem Selbstbewusstsein führen. Um das Element Holz wieder in einen harmonischen Kreislauf zu integrieren, können Sie entweder das Holz-Element durch Umstellung beziehungsweise durch Entfernen der Einrichtung schwächen. Oder Sie verstärken das Element Metall, welches das Holz kontrolliert:

➤ Durch das Aufstellen eines cremefarbenenen Sofas mit gerundeten Arm- und Rückenlehnen,
➤ durch die Verwendung pastellfarbener Bettwäsche,
➤ mit Hilfe von Bronze-Lampen und Natursteinen,
➤ durch einen runden weißen Tisch.

Zusätzlich können Sie übrigens auch das Element Wasser reduzieren, da es das Element Holz fördert. Ist umgekehrt das Element Holz in der Wohnung nur spärlich vorhanden, fügen Sie passende Hilfsmittel des Elements Holz oder auch des fördernden Elements Wasser hinzu.

TIPP:

Die Übersicht auf S.14 und der Kreislauf auf S.12 hilft Ihnen dabei, den optimalen Energiezustand zu erreichen.

WAS BEDEUTET HARMONIE AUS DER SICHT VON FENG SHUI?

Ein günstiges Feng Shui bedeutet Harmonie zwischen uns Menschen und unserer Umgebung. Um hierfür die Voraussetzungen zu schaffen, sollten innerhalb unserer Umgebung folgende Faktoren gewährleistet sein:

➤ Ein ausgewogener Energiefluss zwischen Yin und Yang.
➤ Ein günstiger Energiezustand im Kreislauf der Fünf Elemente Holz, Feuer, Metall, Wasser und Erde.
➤ Eine positive Energiefrequenz aller belebten und unbelebten Wesen in der Umgebung.

Harmonie herzustellen bedeutet im Sinne von Feng Shui Energiearbeit. Hierbei geht es darum, durch Umwandlung von Energie und den gezielten Einsatz spezieller Hilfsmittel die Gesamtenergie zu harmonisieren und miteinander zu verbinden. Gesundheit und Wohlbefinden sollen die Folge sein.

SOLLEN WIR IM EINKLANG MIT DEN GESETZEN DER NATUR LEBEN?

Die Fünf Elemente in der Natur spiegeln alle unsere Organe wie Herz oder Leber, unser Gewebe, Blutbahn, Fleisch, Haut, Knochen und auch unsere Emotionen wie Ärger oder Freude wider. Dabei gilt der Grundsatz: »So wie die Natur ist auch unser Leben«. Die Natur ist die Quelle unseres Lebens. Wir stehen mit der Natur in enger Verbindung. Eine harmonische Natur spendet uns positive Energie. Wenn wir gegen das Gesetz der Natur handeln, geraten wir in Disharmonie. Katastrophen, Krankheiten und Unglücke können die Folge sein.

WAS VERBIRGT SICH HINTER DEM BAGUA?

Wörtlich übersetzt heißt Bagua »der Körper des Drachens«.
Es entstand bereits vor mehr als 5000 Jahren in China.
Man verwendet hierfür ein Quadrat oder Rechteck, das in
neun gleich große Felder aufgeteilt ist. Jede Zone wird nach
den ihr zugeordneten Bereichen (s.u.) benannt, genaue
Beschreibungen finden Sie ab Seite 27.

Gallen-blase Rücken	Herz Gesicht	Magen Mund
Leber Augen	Zentrum	Lunge Nase
Milz Muskel	Niere Ohr	Dick-darm Kopf

WELCHE BEDEUTUNG HAT DAS BAGUA IN DER FENG-SHUI-PRAXIS?

Nach der Lehre von Feng Shui lassen sich unsere Organe,
Körperteile, Krankheiten, Lebenswünsche, Beziehungen
und sogar Verhaltensweisen mit bestimmten Bagua-Zonen
in Verbindung bringen. Das bedeutet, dass der jeweilige
Zustand dieser Zone in der Wohnung die aktuelle Situation
in den zugehörigen Bereichen widerspiegelt. Jeder Bagua-
Zone wird aber auch ein bestimmtes Element zugeordnet:
Die Magen/Mund-Zone, auch Partnerschafts-Zone genannt
(➤ Seite 27), steht zum Beispiel in enger Verbindung zum
Element Erde. Mit Hilfe der passenden Elemente können
Sie die einzelnen Zonen gezielt stärken (➤ Seite 20).

WIE WIRD DAS BAGUA RICHTIG EINGEZEICHNET?

Das Bagua können Sie in die Grundrisse des Hauses und einzelner Zimmer einzeichnen. Wenn Sie die folgenden Regeln beachten, wird es Ihnen leicht gelingen.

➤ Das Bagua wird immer so ausgerichtet, dass die Grundlinie mit den Bereichen Milz/Muskel, Niere/Ohr und Dickdarm/Kopf an der Wand mit der Eingangstür liegt.

➤ Bei rechteckigen Grundrissen ist das Zeichnen einfach: Teilen Sie die vier Seiten durch drei und verbinden Sie die so gefundenen Punkte durch waagrechte und senkrechte Linien. Dadurch erhalten Sie exakt die Neun Bagua-Zonen.

➤ Bei unregelmäßigen Grundrissen zeichnen Sie zuerst eine geschlossene rechtwinklige Form darüber und teilen diese wie oben beschrieben in neun gleich große Bereiche auf.

➤ Bei unregelmäßigen Grundrissen können manchmal so genannte Erweiterungen vorkommen, wenn einige kleine Bereiche über die darüber gezeichnete Idealform hinaus- ragen. Sie liegen außerhalb des Bagua, verstärken aber die Zonen, aus denen sie hervorragen. Sie sind also auch förderlich für die zugehörigen Bereiche.

➤ Wenn Sie über L-förmige Grundrisse eine rechtwinkli- ge Idealform zeichnen, wird meist ein Fehlbereich entste- hen, bei dem also ein bis zwei Bagua-Zonen ganz oder zum größten Teil fehlen. Je weniger von einer Zone vorhan- den ist, desto schwächer wird Ihr Bezug zum zugehörigen Bereich ausfallen.

HINWEIS:

Fehlbereiche sollten Sie unbedingt ausgleichen. Im Haus können Sie dieses Problem ganz einfach lösen, indem Sie an der an den Fehlbereich angren- zenden Wand eine Leuchte oder einen rechteckigen Spiegel anbringen.

? WELCHER ZUSAMMENHANG BESTEHT ZWISCHEN DEN NEUN BAGUA-ZONEN UND DEN FÜNF ELEMENTEN?

Alle Erscheinungen der Natur und auch unseres Lebens sind in den Neun Bagua-Zonen enthalten, aber nur durch den Kreislauf der Fünf Elemente werden sie zu neuem Leben erweckt. Er macht erst Veränderungen möglich.

In China verwenden wir hierfür gerne folgendes Beispiel: Auf dem Mond findet kein Kreislauf der Fünf Elemente statt. Er ist nicht lebendig, obwohl auf ihm unterschiedliche Materialien vorhanden sind. Auf der Erde hingegen kann dieser Kreislauf stattfinden, sie ist daher voller Leben und in ständiger Wandlung begriffen.

ZUORDNUNG DER BAGUA-ZONEN ZU DEN ELEMENTEN:

➤ Zum Element Holz gehören die Zonen Leber/Augen – Familie und Gallenblase/Rücken – Reichtum.
➤ Zum Element Feuer zählt die Zone Herz/Gesicht – Ruhm.
➤ Zum Element Erde gehören die Zonen Milz/Muskel – Wissen, Magen/Mund – Partnerschaft und das Zentrum.
➤ Zum Element Metall zählen die Zonen Lunge/Nase – Kinder und Dickdarm/Kopf – Hilfreiche Freunde.
➤ Zum Element Wasser gehört die Zone Niere/Ohr – Karriere.

Weitere Details finden Sie in den Tabellen ab Seite 27. Nach dem fördernden und kontrollierenden Kreislauf der Elemente (➤ Seite 13) kann die Energie von Zonen gestärkt oder auch etwas zurückgenommen werden.

WIE KANN ICH BAGUA UND ELEMENTE VORTEILHAFT EINSETZEN?

Alle Organe, Körperteile und auch Lebensbereiche eines Menschen stehen in enger Beziehung zu einer bestimmten Bagua-Zone in der Wohnung (➤ Tabellen ab Seite 27) und diese wiederum zu einem der Fünf Elemente. Durch folgendes Beispiel wird dies anschaulicher werden: Haben Sie zum Beispiel Probleme mit der Leber, den Augen, der Galle oder reagieren Sie häufig ungeduldig, sind Sie unmotiviert oder streitsüchtig, sollten Sie die Energie der für diese Organe und Eigenschaften zuständigen Leber/Augen-Zone aktivieren. Da diese Zone zum Element Holz gehört, können Sie eine oder mehrere der folgenden Maßnahmen ergreifen:

➤ Verwenden Sie in diesem Bereich mehr Möbel und Accessoires aus Holz oder hängen Sie Bilder mit Naturmotiven auf.
➤ Bringen Sie in diese Zone mehr von dem das Element Holz fördernden Element Wasser hinein, zum Beispiel durch ein Aquarium, eine Schale mit Wasser oder durch grüne Edelsteine wie Chrysopras, Chrysolith oder Chrysokoll.
➤ Essen Sie mehr von den für diese Bereiche idealen Nahrungsmitteln wie Sauerkraut, Tomaten, Milchprodukte oder Obstarten wie Kiwis, Orangen und Erdbeeren.

TIPP:

Allgemein können Sie die positive Energie einer Bagua-Zone durch Hilfs- oder Nahrungsmittel aktivieren:
➤ die zu dem dieser Zone zugeordneten Element gehören,
➤ die zu dem Element gehören, das das zugeordnete Element fördert (➤ Seite 13),
➤ die zu diesen beiden Elementen gehören.

WIE WIRKEN DIE OFT EMPFOHLENEN FENG-SHUI-HILFSMITTEL WIE FÄCHER ODER FLÖTEN?

Die im Handel erhältlichen Feng Shui-Hilfsmittel können starke Kräfte entfalten:

➤ Fächer entschärfen aggressive und lenken positive Energie.

➤ Flöten können Sha-Chi abwehren, Chi anziehen und im Raum verteilen.

➤ Regenbogenkristalle beleben den Raum, fördern die Kreativität, entschärfen die Wirkungen von scharfen Kanten und langen Gängen und gleichen Fehlbereiche aus.

➤ Spiralen aktivieren die Lebensenergie des Menschen.

➤ Goldfrüchte können Reichtum fördern, besonders in der Zone Gallenblase/Rücken – Reichtum.

➤ Vasen mit Blumen können Kanten entschärfen und harmonisierend wirken.

➤ Yin- und Yang-Symbole sind universal einsetzbar für Schutz, Abwehr und Harmonisierung.

➤ Hier im Buch finden Sie auch viele Hilfsmittel aufgeführt, die Sie nicht eigens kaufen müssen. Sie können sie selbst herstellen und dabei auf Materialien zurückgreifen, die im Haushalt oft bereits vorhanden sind. Diese Accessoires, in die Sie Ihre persönliche Energie eingebracht haben, sind besonders wirkungsvoll.

HINWEIS:

Wenden Sie möglichst nicht alle hier und in den Tabellen beschriebenen Hilfsmittel zur gleichen Zeit an, sonst kann es zu einem Ungleichgewicht in anderen Bereichen kommen. Hier gilt das Motto: »Die Mittel sparsam, aber präzise einsetzen«. Möchten Sie eine der Bagua-Zonen stärken, so sollten Sie auch immer die restlichen acht Bereiche im Blick behalten, da alle Teile untereinander in enger Verbindung stehen.

Tipps für die Gestaltung der einzelnen Wohnräume

Nach der Lehre von Feng Shui gibt es einige einfache Grundregeln, hier finden Sie die wichtigsten:

➤ **Wohnzimmer:** Hier sollten helle Farben vorherrschen, vor allem auf den Wandflächen. Positiv wirkt sich ein runder oder ovaler Holztisch in der Mitte des Wohnzimmers aus. Ist ein Sitzplatz vorhanden, sollte dieser an der stärksten Wand aufgestellt werden. Am besten der Eingangstür diagonal gegenüberliegend, aber ein kontrollierender Blick zur Tür sollte möglich sein. Vorhänge können vor Sha-Chi aus der Umgebung schützen. Große Pflanzen sind wichtig, um den Elektrosmog von Fernseher und Computer zu absorbieren.

➤ **Schlafzimmer:** Beim Schlafen sollten der Kopf nicht nach Westen, die Füße nicht zur Tür gerichtet sein. Scharfe Kanten und Spitzen dürfen nicht auf den Schlafenden zeigen. Verzichten Sie nach Möglichkeit auf elektrische Geräte im Schlafzimmer und Uhren über dem Bett. Bilder, Skulpturen, Kissen (rot oder weiß) oder Kerzenständer paarweise aufstellen. Spiegel dürfen nicht auf das Bett zeigen, der Durchmesser sollte 45 cm nicht überschreiten.

➤ **Esszimmer:** Der gedeckte Tisch sollte möglichst in einem Spiegel sichtbar sein, das kann den Wohlstand der Familie verdoppeln. Die Tischform sollte nach Möglichkeit oval oder achteckig sein. Der Esstisch darf sich nicht unter einem Dachbalken befinden und Lampen sollten nicht direkt über den Sitzenden hängen. Nach dem Essen sollte immer eine Schale mit Obst gereicht werden.

➤ **Küche:** Sie sollte nicht gegenüber der Wohnungstür liegen. Stellen Sie den Herd möglichst nicht neben dem

Spülbecken auf und den Kühlschrank nicht neben den Herd/Backofen. Bewahren Sie Messer stets im Messerblock oder in der Schublade auf – lassen Sie sie nie rei herumliegen! Wählen Sie Arbeitsflächen und Schränke mit runden Kanten. Hängen Sie Bilder mit frischem Gemüse oder Getreide auf, sie bringen Wohlstand in die Familie.

➤ **Kinderzimmer:** Das Bett sollte im größtmöglichen Abstand zu Tür und Fenster stehen. Vorhänge bieten mehr Schutz für das Kind als Rollos. Ein Mobile in der Mitte des Zimmers vermittelt Sicherheit. Ein runder Kristall im Fenster unterstützt die Kreativität des Kindes. Bevorzugen Sie Möbel mit runden Kanten und Ecken. Fernsehgeräte und Computer wirken sich störend aus.

➤ **Arbeitszimmer:** Wer am Schreibtisch sitzt, sollte den Rücken nicht zur Tür wenden, sondern besser zu einer Wand. Ungünstig ist ein direkter Blick zum Fenster. Der Tisch sollte auch nicht genau gegenüber der Tür, in der Mitte des Zimmers oder zwischen Fenster und Tür stehen.

➤ **Badezimmer und WC:** Beide Räume sollten nach Möglichkeit nicht unmittelbar neben dem Eingang, nicht genau gegenüber der Küche oder dem Schlafzimmer liegen. Der WC-Deckel und die Tür zur Toilette sollten stets geschlossen bleiben. Ideal wäre ein Fenster im Bad. Günstig ist das Aufhängen eines kleines Spiegels oder eines Mobiles. Zimmerpflanzen wie Orchideen und Farne fördern eine locker-entspannte Atmosphäre.

TIPP:

Der Fernseher gibt nicht nur elektromagnetische Strahlen ab, sondern auch bewegte Bilder, Farben und Töne wider. Grundsätzlich sollte er daher nicht im Schlaf-, Kinder-, Arbeits- oder Esszimmer stehen. Im südlichen Teil des Wohnzimmers ist der beste Platz für ihn.

WAS KANN ICH TUN, WENN MEINE MASSNAHMEN NICHT DIE ERHOFFTE WIRKUNG ZEIGEN?

Haben Sie in einem Bereich zu viele Maßnahmen und Hilfsmittel gleichzeitig ergriffen? Dadurch kann sich in anderen Bereichen ein Ungleichgewicht einstellen, das möglicherweise negative Folgen nach sich zieht. Beschränken Sie sich auch nie auf nur einen Bereich und auf Maßnahmen in der Wohnung. Die Lehre des Feng Shui beschreibt ein sehr komplexes System und oft wirken auch von außerhalb positive wie negative Faktoren in Ihren Wohnbereich hinein.

Vielleicht haben Sie auch noch nicht alle Faktoren berücksichtigt, die auf einen bestimmten Bereich einwirken? Es gibt einmal die sichtbaren, zu diesen zählt alles Materielle, das uns umgibt: das Umfeld, das Gebäude, die Einrichtung mit den Möbeln, Stoffen, nützlichen und dekorativen Gegenständen. Alles soll nach den Regeln von Yin und Yang und den Fünf Elementen in Harmonie sein.

Daneben gibt es jedoch noch die unsichtbaren Einflüsse, die für den Laien viel schwieriger zu erkennen und beurteilen sind. Sie hängen zum Beispiel mit den Himmelsrichtungen und den Planeten zusammen. Hier braucht es viel Fingerspitzengefühl und Erfahrung, um zur richtigen Lösung eines Problems zu kommen.

TIPP:

Bei der Anwendung der Feng-Shui-Methoden sollten Sie immer die Ausgewogenheit des Gesamtkomplexes im Auge behalten. Bei hartnäckigen Problemen ziehen Sie besser einen erfahrenen Berater hinzu.

FENG SHUI FÜR DIE GESUNDHEIT

Der Mensch ist dann gesund, wenn er in Einklang mit seiner Umgebung und der Natur lebt und auch Körper, Geist und Seele in einem ausgewogenen Verhältnis zueinander stehen. Störungen bringen Krankheit hervor, dagegen wenden wir in China konventionelle und alternative Methoden an. Zu den ersteren zählen Maßnahmen der klassischen chinesischen Medizin wie Akupunktur, Qigong, Tai Ji Quan, Gymnastik, Massage und Tuina, die auch im Westen schon seit längerem bekannt sind. Die alternativen Methoden basieren auf der Lehre von Feng Shui. Im Grunde entspringen alle Maßnahmen der gleichen Philosophie: Der Energiefluss Chi soll über bestimmte Leitbahnen günstig verlaufen und nach Yin und Yang und den Fünf Elementen für Harmonie und Ausgewogenheit sorgen. Während sich die konventionellen Behandlungsmethoden auf das System innerhalb des Körpers beziehen, konzentrieren sich die alternativen Maßnahmen auf das System zwischen Mensch, Umfeld und Natur.

Ist der Energiefluss im Körper eines Menschen gestört, was in der Regel eine Krankheit zur Folge hat, kann zum Beispiel die Akupunktur helfen. Durch das gezielte Setzen von Nadeln an bestimmten Körperstellen wird versucht, nach den Prinzipien von Yin und Yang und den Fünf Elementen die Energie zu harmonisieren. Feng-Shui-Maßnahmen basieren auf den gleichen Prinzipien wie die Akupunktur, nur konzentriert man sich dabei auf das Umfeld des erkrankten Körpers. Hier gilt es vor allem, durch den Einsatz von Feng-Shui-Hilfsmitteln oder auch das gezielte Umstellen der Wohnungseinrichtung die Harmonie zwischen Mensch und Natur wieder herzustellen. Nach der Lehre von Feng Shui stehen alle Elemente der Umgebung eng in Verbindung mit unseren Organen und Körperteilen. Daher kann der Mensch nur dann glücklich sein und gesund bleiben, wenn er in Einklang mit der Natur lebt.

WAS BEDEUTET GESUNDHEIT AUS DER SICHT VON FENG SHUI?

Gesundheit bedeutet, dass Körper, Seele, Geist und Natur eine harmonische Einheit bilden. Ist der Energiefluss in diesem System gestört oder blockiert, wird der Mensch körperlich und/oder seelisch krank. Während der chinesische Arzt Krankheiten auf Grund der Konstitution des Körpers diagnostiziert, kann der Feng-Shui-Meister mit der Analyse des Umfeldes und intuitiven Methoden ähnliches erreichen. Chinesische Feng-Shui-Meister versuchen im Falle von Krankheiten, Störfaktoren und Blockaden im System zu eliminieren und führen konkrete Verbesserungsmaßnahmen im direkten Wohnumfeld durch. Dies wird durch eine Reihe verschiedener Methoden erreicht, zum Beispiel durch den Einsatz von Feng-Shui-Hilfsmitteln, Umstellung der Einrichtung oder die Bestimmung eines individuellen Horoskopes nach Feng Shui.

WELCHEN NUTZEN BIETET DAS BAGUA FÜR DIE GESUNDHEIT?

Jede Bagua-Zone steht mit gewissen Organen und Körperteilen in enger Verbindung (➤ Seite 17). Dieses Beziehungsgeflecht kann man sich zu Nutze machen, um gezielte Hilfsmittel einzusetzen und Gegenmaßnahmen zu ergreifen, damit sich das angestrebte Gleichgewicht wieder einstellt. Die Tabellen auf den folgenden Seiten beschreiben detailliert die einzelnen Zonen, die zugeordneten Elemente, Lebensbereiche, Organe, Körperteile, Farben und Zahlen. Sie erfahren, welche Krankheiten und Befindlichkeiten auf Störungen in dieser Zone hinweisen. Ausgleich können Sie mit den anschließend aufgeführten günstigen Tiersymbolen, Accessoires, Edelsteinen und Nahrungsmitteln schaffen.

BAGUA-ZONE MAGEN/MUND

ELEMENTE:	Erde (fördernd: Feuer, kontrollierend: Holz)
LEBENSBEREICHE:	Partnerschaft, Beziehungen zu Ehe-, Lebens- und Geschäftspartnern, Arbeitskollegen
WEITERE ZUORDNUNGEN:	Milz, Lippen, Hand, Bauch
FARBEN:	Erdfarben, Gelb, Ocker, Beige
ZAHLEN:	5, 8, 10
KRANKHEITEN:	Magenschmerzen, Schluckbeschwerden, Appetitlosigkeit, Verdauungsprobleme, Verstopfung, Wassersucht, Gewichtsprobleme, schwierige Geburt
BEFINDLICHKEITEN:	Melancholie, Mattigkeit, Trägheit, Grübelei, Unzufriedenheit, Arbeitssucht, Neigung zu belanglosen Gesprächen
TIERSYMBOLE:	Rind, Kalb, Wildtiere
ACCESSOIRES:	Bilder mit Motiven von Rindern, Wildtieren, Feldern, Dörfern und Wolken; Schalen mit Feigen oder Pfirsichen, rot oder gelb bemalte Holzeier, Salzkristallleuchten, Kieselsteine, Muscheln, Seidenlaken
EDELSTEINE:	Chrysoberyll, Jaspis, Opal
NAHRUNGSMITTEL:	Wildfleisch, Hefegebäck, Kokosmilch, Sonnenblumenkerne, Broccoli, Chinakohl, Fenchel, Kartoffeln, Sellerie, süßes Obst, Honig, Malz, Vanille, Rohrzucker, Honig- und Pflaumenwein, Traubensaft

BAGUA-ZONE LUNGE/NASE

ELEMENTE:	Metall (fördernd: Erde, kontrollierend: Feuer)
LEBENSBEREICHE:	Kinder, Inspiration, Kreativität
WEITERE ZUORDNUNGEN:	Zunge, Lungensekret, Hals, Haut
FARBEN:	Weiß, Silber, Gold
ZAHLEN:	2, 4, 9
KRANKHEITEN:	Erkältung, Husten, Atem- und Sprechbeschwerden, Schmerzen in der Brust, Hauttrockenheit, Schweißausbrüche, Schwindelgefühle
BEFINDLICHKEITEN:	Depression, Kummer, Sorgen, Traurigkeit, Müdigkeit, Kontaktarmut
TIERSYMBOLE:	Gans, Hase, Wachtel, Hirsch
ACCESSOIRES:	Antiquitäten, Musikinstrumente aus Metall, Ventilator, Uhr, Schwert, Fächer, Klang- und Windspiele aus Metall, Schale mit Wasser und weiße Blüte (Seidenblume)
EDELSTEINE:	Mondstein, Nephrit, Citrin
NAHRUNGSMITTEL:	Hase, Gans, Spinat, Ingwer, Knoblauch, Lauch, Zwiebel, Rettich, Pfeffer, Reis, Käse, hochprozentiger Alkohol

BAGUA-ZONE DICKDARM/KOPF

ELEMENTE:	Metall (fördernd: Erde, kontrollierend: Feuer)
LEBENSBEREICHE:	Hilfreiche Freunde, glückliche Fügungen
WEITERE ZUORDNUNGEN:	Lunge, Körperhaare, Hals, Ellbogen, Daumen
FARBEN:	Weiß, Silber, Gold
ZAHLEN:	1, 4, 9
KRANKHEITEN:	Probleme mit Stimme und Atmung, Schweißausbrüche, Kopfschmerzen, Schwindel, Haarausfall, Blässe, Verdauungsprobleme, Verstopfung, Anfälligkeit für Erkältungen, Appetitlosigkeit, Übergewicht
BEFINDLICHKEITEN:	Mangel an Autorität, Disziplin und Organisationsvermögen, Unfähigkeit zu klarem Denken, Planlosigkeit, Faulheit, körperliche Trägheit, Sorgen
TIERSYMBOLE:	Pferd, Löwe, Elefant
ACCESSOIRES:	Spiegel, Flaschenkürbis mit goldenem Band, Bilder mit Motiven von Himmel, Löwen, Pferden, hohen Gebäuden; Goldmünzen, Bonsai, Gegenstände aus Edelstahl, Eisen, Messing, Kupfer, Bronze und Marmor; rote Hüte
EDELSTEINE:	Obsidian, Magnesit, Onyx, Chalcedon
NAHRUNGSMITTEL:	Hafer, Grüne Minze, Ingwer, Knoblauch, Schalotten, Kresse, Chili, Senf, Majoran, Wein, Schnaps, Wodka

BAGUA-ZONE NIERE/OHR

ELEMENTE:	Wasser (fördernd: Metall, kontrollierend: Erde)
LEBENSBEREICHE:	Karriere, sozialer Aufstieg
WEITERE ZUORDNUNGEN:	Blut, Sexualorgane, Zähne, Knie, Füße, Kinn, Mark
FARBEN:	Schwarz, Dunkelblau
ZAHLEN:	1, 6
KRANKHEITEN:	Ohrprobleme, Geschlechtskrankheiten, Ausfluss, Unfruchtbarkeit, Fehlgeburt, Lenden- und Rückenschmerzen, Nierenschwäche, Zahnschmerzen, Haarausfall, sexuelle Probleme, Frigidität
BEFINDLICHKEITEN:	Angst, Sorgen, Alpträume, Stress, Antriebsschwäche, Kontaktprobleme, Einsamkeit
TIERSYMBOLE:	Schwein, Aal, Garnele, Krabbe
ACCESSOIRES:	Kleines Aquarium, Zimmerbrunnen, Licht, Obstkerne, Schale oder Flasche mit leicht gesalzenem Wasser, Bilder mit Wasser-, Wein- oder Fischermotiven
EDELSTEINE:	Magnetit, Rauchquarz, Lapislazuli, Rosenquarz
NAHRUNGSMITTEL:	Salz, Schweinefleisch, Forelle, Lachs, Miesmuscheln, Tunfisch, Sojasauce, Erbsen, Bohnen, Linsen, Agar-Agar, Algen

BAGUA-ZONE MILZ/MUSKEL

ELEMENTE:	Erde (fördernd: Feuer, kontrollierend: Holz)
LEBENSBEREICHE:	Wissen, Intuition
WEITERE ZUORDNUNGEN:	Bindegewebe, Hüfte, Arme, Finger
FARBEN:	Erdfarben, Gelb, Ocker, Beige
ZAHLEN:	5, 7, 10
KRANKHEITEN:	Appetitmangel, Übelkeit, Verdauungsstörungen, Bauchschmerzen, Durchfall, Darmkoliken, Aufstoßen, Ödeme, Arthritis, Brust- und Muskelschmerzen
BEFINDLICHKEITEN:	Depressionen, Verwirrung, Benommenheit, schlechte Laune, Konzentrationsschwäche, Vergesslichkeit, mangelndes Durchsetzungsvermögen
TIERSYMBOLE:	Tiger, Hund, Ratte
ACCESSOIRES:	Kristalle, Obstschale, Bilder mit Berg-, Wüsten- oder Obstmotiven, Goldfrüchte, Schachbrett, Räucherwerk, Steine, Sand, Porzellan, Baumwolle, Seide
EDELSTEINE:	Tigerauge, Sarder, Karneol, Bernstein
NAHRUNGSMITTEL:	Kalb- und Rindfleisch, süße Sahne, Joghurt, süßes Obst wie Ananas, Apfel, Pflaume oder Pfirsich, Kohl, Erd- und Haselnüsse, Sesam, Mais, Hirse

BAGUA-ZONE LEBER/AUGEN

ELEMENTE:	Holz (fördernd: Wasser, kontrollierend: Metall)
LEBENSBEREICHE:	Familie, Beziehungen zu Vorgesetzten
WEITERE ZUORDNUNGEN:	Sehnen, Nägel, Nacken
FARBEN:	Grün, Hellblau
ZAHLEN:	3, 4, 8
KRANKHEITEN:	Kopf-, Augen-, Brust- und Nackenschmerzen, Sehschwäche, Niesen, Husten, Ohrensausen, Zittern, Lähmungen, Sehnenentzündungen, Probleme mit den Nägeln, der Schwangerschaft und bei Neugeborenen
BEFINDLICHKEITEN:	Reizbarkeit, Ungeduld, Unzufriedenheit, Mut- und Ziellosigkeit, Mangel an Kreativität, Antrieb und Selbstvertrauen; Nachgiebigkeit
TIERSYMBOLE:	Schlange, Drachen, Tausendfüßler
ACCESSOIRES:	Bambusflöten, Stoffsäckchen mit Tee, Bilder mit Pflanzen-, Wald-, Steppen- und Obstmotiven; Aquarium, Glocken, Schachfiguren aus Holz, Tusche-Kalligraphie, Musikinstrumente und Möbel aus Holz und Bambus, Zimmerpflanzen
EDELSTEINE:	Achat, Amazonit, Aventurin, Azurit
NAHRUNGSMITTEL:	Weizen, essigsaures Gemüse, Sauerkraut, Oliven, Erdbeeren, Birnen, Orangen, Kiwis, Litschis, Zitronen, Saure Sahne, Joghurt, Entenfleisch, Hühnchen

BAGUA-ZONE GALLENBLASE/RÜCKEN

ELEMENTE:	Holz (fördernd: Wasser, kontrollierend: Metall)
LEBENSBEREICHE:	Reichtum, Selbstwertgefühl
WEITERE ZUORDNUNGEN:	Nervensystem, Leber, Wirbelsäule, Schulter, Po
FARBEN:	Grün, Hellblau
ZAHLEN:	3, 5, 8
KRANKHEITEN:	Verdauungsprobleme, Nervenkrankheiten, Rücken- und Gelenkbeschwerden, roter und gelber Stuhlgang, Allergien, Menstruationsbeschwerden, Koliken, Wachstums- und Entwicklungsprobleme bei Kindern
BEFINDLICHKEITEN:	Nervosität, Überempfindlichkeit, Wut, Unausgeglichenheit, Zappeligkeit, großer Ehrgeiz
TIERSYMBOLE:	Huhn, Insekten, Schlange, Eidechse
ACCESSOIRES:	Leinen aus Pflanzenfasern, handgeschnitzte Skulpturen aus Holz oder Bambus, grüne Holzmöbel oder Fächer, Seide, Baumwolle, Federn von Hühnern und Enten, kleine Bambusbesen, Bilder mit Grasmotiven, Blütenknospen
EDELSTEINE:	Bergkristall, Chrysopras, Spinell, Malachit
NAHRUNGSMITTEL:	Hefe, Sauerteigbrote, Brombeeren, Johannisbeeren, Mangos, Trauben, Buttermilch, Hühnchen, Ente, Weizenbier

BAGUA-ZONE HERZ/GESICHT

ELEMENTE:	Feuer (fördernd: Holz, kontrollierend: Wasser)
LEBENSBEREICHE:	Ruhm, Ausstrahlung
WEITERE ZUORDNUNGEN:	Dünndarm, Gefäßsystem, Zunge, Stirn
FARBEN:	Rot, Rotbraun
ZAHLEN:	2, 3, 7
KRANKHEITEN:	Fieber, Bluthochdruck, Herzklopfen, Kreislaufschwäche, Schlafstörungen, Schweißausbrüche, Hautausschläge, Entzündungen, Schwellungen und Schmerzen der Zunge, gerötetes Gesicht, gerötete Augen, Nasenbluten, Geisteskrankheit
BEFINDLICHKEITEN:	Frustration, Traurigkeit, Unentschlossenheit, Schreckhaftigkeit, Liebeskummer, Eifersucht, Mangel an Inspiration und Realitätssinn
TIERSYMBOLE:	Hahn, Schildkröte, Krebs, Ziege
ACCESSOIRES:	Bildmotive mit Sonne, Sonnenaufgang, Blitz, hellem Licht, Regenbogen; pyramidenförmige Gegenstände, Kunstwerke
EDELSTEINE:	Rubin, Prasem, Koralle, Chrysolith
NAHRUNGSMITTEL:	Lamm- und Ziegenfleisch, Holunder, Quitte, Papaya, Rosenkohl, Spargel, Feldsalat, Tomaten, Roggen

BAGUA-ZONE ZENTRUM

Diese Zone wird auch Tai Chi genannt und symbolisiert die Lebensenergie und den Geist des Menschen. Sie ist dem Element Erde zugeordnet, wird vom Element Feuer gefördert und vom Element Holz kontrolliert. Sie spielt eine wichtige Rolle für den Energiefluss.

Nach der Lehre von Feng Shui ist die Energie immer in Bewegung, im Universum wie im Haus oder Zimmer. Das Chi kommt über den Eingang ins Haus und die Räume und zirkuliert dort von Zone zu Zone. Nach der Feng-Shui-Lehre von den »Fliegenden Sternen« fließt das Chi von einer Zone zur anderen immer durchs Zentrum. Dieser Bereich dient als eine Art Pufferzone, er bindet, reinigt und leitet das Chi von Zone zu Zone. Das Zentrum sollte so frei und unbelastet wie möglich bleiben, damit es diese Aufgaben optimal erfüllen und für mehr Harmonie in Ihrem Leben sorgen kann.

Aus diesem Grund wird im Zentrum auch mit Hilfsmitteln sehr vorsichtig und sparsam umgegangen. Geeignet sind Yin- und Yang-Symbole (auch auf Kerzen), DNS-Spiralen und gelbes Licht. Günstig sind Edelsteine wie Bergkristall, Chrysoberyll und Opal.

▶ TIPP:

Das Zentrum gehört zum Element Erde. Deshalb sind alle Erdtöne, Gelb und Ocker ideal für diesen Bereich. Stellen Sie zur Förderung Ihres Wohnungs-Zentrums doch einfach ab und zu einen schönen Blumenstrauß in diesen Farbtönen dort auf einen quadratischen oder rechteckigen Tisch.

WIE WIRKT SICH ZU VIEL YIN AUF UNSERE GESUNDHEIT AUS?

Eine Yin-Dominanz kann sich äußern durch Träume, die von verstorbenen Verwandten handeln, Depressionen, Müdigkeit, Vergesslichkeit, Energielosigkeit, Angstzustände und Kommunikationsschwäche. Als typische Krankheiten gelten niedriger Blutdruck, Unterleibsbeschwerden, Ohrenschmerzen, Zuckerkrankheit, Appetitlosigkeit, chronische Schmerzen, Durchfall, Schläfrigkeit und Impotenz.

Zu viel Yin wird häufig verursacht durch große Bäume neben dem Haus, die Schatten auf das Gebäude werfen, Zimmer mit wenig Sonne, dunkle, feuchte Räume, viele dunkle und alte Möbel, Teppiche und Bilder, zu wenige, sehr kleine Fenster, die nur selten geöffnet werden, sowie große Wohnungen mit vielen Zimmern, die nur von wenigen Personen bewohnt sind.

HILFE BEI ZU VIEL YIN
Folgende Hilfsmittel und Maßnahmen helfen, die Yin-Dominanz auszugleichen:
➤ Yin- und Yang-Symbole in der Wohnung aufhängen
➤ Sonnenlampen an der Hauswand oder am Eingang befestigen – sie müssen nicht unbedingt mit Strom betrieben werden
➤ Bagua-Spiegel an der Haustür oder an einer der äußeren Hauswände anbringen
➤ Skulpturen von Raubtieren in der Wohnung aufstellen
➤ farbenfrohe abstrakte Kunst aufhängen
➤ Elektrogeräte wie Fernseher oder Ventilator aufstellen
➤ Klangspiele oder Mobiles aufhängen
➤ die Wohnung häufig lüften
➤ die Zimmer besser ausleuchten

WIE WIRKT SICH ZU VIEL YANG AUF UNSERE GESUNDHEIT AUS?

Ein zu dominantes Yang kann Folgendes nach sich ziehen: innere Unruhe, Häufung von Unfällen, Streitsucht, Aggressionen, Orientierungslosigkeit und Seitensprünge. Als typische Krankheiten entwickeln sich Kopfschmerzen, Schlaflosigkeit, Verstopfung, hoher Blutdruck, Entzündungen, Zahn- und Augenschmerzen und Fieber.

Zu viel Yang wird häufig verursacht durch harte und glänzende Bodenbeläge, zu viel Rot und Orange, eckige, sehr hohe und breite Möbel aus Metall und Holz, zu viele Spiegel an der Wand, große weiße und leere Wände, viele große Fenster und Türen, zu viele Elektrogeräte, Bewohner, Pflanzen und Haustiere in einer kleinen Wohnung sowie durch Eisenbahnlinien, Schnellstraßen, Einkaufszentren oder Diskotheken in der Nachbarschaft.

HILFE BEI ZU VIEL YANG

Folgende Hilfsmittel und Maßnahmen sind geeignet, zu viel Yang auszugleichen:

➤ Teppiche, Vorhänge und Bettwäsche in Grün und Blau wählen

➤ vor allem im Schlafzimmer Pastelltöne verwenden

➤ runde und längliche Möbel bevorzugen

➤ Bilder, Wandteppiche, grüne oder blaue Wandfächer aufhängen

➤ große Räume durch Pflanzen oder Möbel abteilen

➤ Elektrogeräte neben Sitzgruppe oder Bett an einem anderen Platz aufstellen

➤ große Fenster mit Gardinen oder Rollos abdecken

➤ Käfigtiere aus dem Schlafzimmer entfernen

➤ bei zahlreichen Türen und Fenstern einige davon immer geschlossen halten

Die häufigsten Quellen von Sha-Chi und was Sie dagegen tun können

➤ In der Nähe der Wohnung liegen Friedhof, Gefängnis, Krankenhaus, Krematorium oder Polizeistation. Das führt zu Unruhe, Schlaflosigkeit und Kopfschmerzen. Dagegen helfen neben dem Bagua-Spiegel (→ Seite 40) auch ein kleines Schwert aus Metall, das über Fenster oder Tür aufgehängt, oder eine mit Sand gefüllte Flasche, die an das Fenster gestellt wird.

➤ Das Haus liegt am Ende einer Sackgasse oder an einer T-förmigen Kreuzung. Das verursacht Unsicherheit, Konzentrations- und Leistungsschwächen. Dagegen hilft es, wenn Sie Spiegel oder Fächer an der der Straße zugewandten Mauer anbringen.

➤ Das Gebäude liegt an der Außenseite einer Kurve oder in der Mitte einer Gabelung. Das führt zu Untreue, Launenhaftigkeit und Frauenkrankheiten. Dagegen können Sie Glückswasser oder eine gabelförmige Zeichnung oder Skulptur aufstellen. Günstig sind auch Ziegel am Eingang. Zum Beispiel in Form einer niedrigen Mauer.

➤ Kanten der Nachbargebäude sind auf das Haus gerichtet. Das bringt Unfallgefahr, Risiko bei Operationen und Erkältungen. Dagegen hilft es, ein Windspiel aufzuhängen oder Silberpapier-Streifen über die Haustür zu kleben.

➤ Eine gerade Straße führt direkt auf das Haus zu. Das verursacht Reizbarkeit, Jähzorn, Herzprobleme und Bluthochdruck. Neben dem Yin- und Yang-Symbol hilft es, wenn Sie eine Kristallkugel am Fenster aufhängen oder an der linken Seite des Eingangs (mit dem Gesicht zu diesem betrachtet) einen niedrigen Schuhschrank aufstellen.

➤ Das Haus liegt zwischen zwei hohen und mächtigen Gebäuden. Das fördert Kopfverletzungen, Darmprobleme und Krankheiten des Vaters. Neben dem Yin- und Yang-Symbol hilft ein Sonnensegel oder ein Paar rote Metallringe, die an der Wand aufgehängt werden.

➤ Der Hauseingang liegt gegenüber der Treppe zur U- oder S-Bahnstation. Das führt zu Scheidungen, Appetitlosigkeit, Energiemangel, Durchfall und Einbruchgefahr. Dagegen hilft ein Klangspiel, eine Löwenstatue vor der Tür oder ein gelb -orange bemalter Stein am Fenster.

➤ In Hausnähe liegen Brücken, Schornsteine, Hochspannungs- oder Sendemasten. Das verursacht schlechte Schulleistungen, Streitsucht und Brustschmerzen. Dagegen wirkt ein Aquarium mit sechs schwarz gefleckten Goldfischen, oder ein Wasserglas mit sechs schwarzen Steinkugeln am Fenster.

➤ Eine Straßenlaterne oder eine Werbetafel steht direkt gegenüber der Haustür. Das führt zu Problemen mit dem Herzen, Schlaflosigkeit, Augenschmerzen und Operationsgefahr. Hängen Sie dagegen einen blau-schwarzen Fenstervorhang auf oder stellen Sie einen Zimmerbrunnen auf.

➤ In der Nachbarschaft des Hauses befindet sich eine Baustelle mit einem großen Baukran. Das verursacht Streitsucht, Launenhaftigkeit, Schmerzen in Ohr und Brust. Es hilft, wenn Sie ein 5-Pfennig-Stück und eine Mark in ein Glas geben oder fünf weiße Jadekugeln in einen Teller legen oder einen Porzellan-Hund aufstellen.

➤ Vor dem Haus befinden sich hohe Bäume. Das führt zu Körperschwäche, Unsicherheit, Depressionen und Kinderkrankheiten. Dagegen hilft neben Yin- und Yang-Symbol und Flaschenkürbis ein Ziegelstein auf dem Fensterbrett.

➤ In unmittelbarer Umgebung des Hauses steht ein Gebäude mit großen Glasfassaden oder solchen aus glänzenden Materialien wie Marmor. Das verursacht Nervosität und Geisteskrankheiten. Stellen Sie eine mit Sand gefüllte Flasche auf das Fenster oder neben die Tür.

➤ Rechts neben dem Gebäude stehen ein hohes Gebäude oder ein Turm. Das führt zu Krankheitsanfälligkeit, Verletzungs- und Unfallgefahr. Stellen Sie auf der linken Seite des Hauses eine grüne Drachenstatue oder ein -bild, einen Schuhschrank oder ein Elektrogerät auf.

GIBT ES UNIVERSALE HILFSMITTEL GEGEN SHA-CHI VON AUSSEN?

Sha-Chi aus der Umgebung abzuwehren, zählt zu den schwierigsten Aufgaben eines Feng-Shui-Beraters, da man die Quellen meist nicht abschaffen, sondern nur die Wirkung abmildern kann. Als universale Hilfsmittel gegen Sha-Chi von außen können dienen:

➤ Yin- und Yang-Symbole, die schützen und harmonisieren. Sie können sie kaufen oder selber malen.
➤ Der Flaschenkürbis, der negative Sha-Energie absorbiert und böse Geister vertreibt. Er ist zugleich ein sichtbares Symbol der Taoisten, die vor allem im alten China stets einen Kürbis als Behälter für Getränke bei sich trugen.
➤ Der schützende achteckige Bagua-Spiegel oder eine Bagua-Zeichnung, die nur außerhalb der Wohnung angewandt werden dürfen. Wohnen viele Nachbarn in der Nähe, sollten Sie auf dieses Hilfsmittel verzichten. Ersatzweise können Sie einen metallenen Türklopfer mit dem Kopf eines Löwen oder Wächters einsetzen. Eine andere Möglichkeit ist es, einen Kranz mit einem roten Band aufzuhängen.
➤ Das so genannte Glückswasser, das Sie ganz einfach selbst herstellen können:
Eine Glasflasche halb mit sauberem Wasser füllen, eine Prise Salz und kleine Drachenfiguren (notfalls genügt eine Zeichnung) und sechs über 30 Jahre alte Pfennigmünzen, die schon durch viele Hände gegangen sind, dazugeben.

HINWEIS:

Diese Hilfsmittel sind sehr effektive Abwehrmaßnahmen gegen Sha-Chi von außen. Wegen der unterschiedlichen Sha-Formen gibt es jedoch zusätzlich noch spezielle Hilfsmittel (➤ Seite 38-39).

BEEINFLUSSEN EDELSTEINE GESUNDHEIT UND WOHLBEFINDEN?

Ja, im alten China waren Edelsteine sogar die am häufigsten eingesetzten Hilfsmittel. Dank Hildegard von Bingen werden sie seit Jahrhunderten auch im Westen angewandt. Jeder Edelstein besitzt eine spezifische Energieschwingung und Heilfunktion. Dank der Tabellen (→ Seite 27ff.) können Sie gezielt Steine für die unterschiedlichen Zonen auswählen. Durch ihre Schwingungen stellen sie die verloren gegangene Harmonie wieder her und lindern Beschwerden. Folgende Einsatzmöglichkeiten gibt es:

➤ Stellen Sie Edelsteine, die größer als 1 cm sind, in der für die jeweilige Zone günstigen Anzahl auf.

➤ Kleinere Edelsteine von Reiskorngröße bis zu einem Durchmesser von 1 cm wirken nur als Edelsteinwasser. Geben Sie Steine in der jeweils günstigen Anzahl einfach in eine kleine farblose Flasche mit sauberem Wasser. Nach ein paar Tagen (immer nach den günstigsten Zahlen) sollte das Wasser gewechselt werden. Es steigert die Wirkung, wenn Sie mit Daumen und Zeigefinger etwas vom Edelsteinwasser in die entsprechende Zone spritzen.

GILT AUCH NACH FENG SHUI DIE AUSSAGE »DER MENSCH IST, WAS ER ISST«?

Ja, alle Nahrungsmittel können ebenfalls einem bestimmten Element zugeordnet werden, unsere Vorlieben drücken sozusagen unseren körperlichen, geistigen und seelischen Zustand aus. So wie eine unausgewogene Ernährung ein energetisches Ungleichgewicht bewirken kann, stärkt eine ausgewogene Ernährung unsere Gesundheit. In den Tabellen → Seite 27ff.) finden Sie die bei bestimmten Krankheiten und Problemen besonders hilfreichen Nahrungsmittel.

Wie kann ich älteren Familienmitgliedern ein langes Leben bescheren?

Aus chinesischer Sicht sind Familienmitglieder mit einem Alter von über 80 Jahren ein Zeichen für gutes Feng Shui, da nur einem gesunden Körper in einer harmonischen Umgebung ein so langes Leben gegeben ist. Zudem werden in China ältere Menschen als Schutz- und Abwehrfunktion für die Familien stets respektiert und verehrt. Ein jahrtausendealtes chinesisches Sprichwort lautet entsprechend: »Ein Senior zu Hause ist ein Schatz daheim«. Aus der Sicht von Feng Shui gibt es eine ganze Reihe von Maßnahmen, die zu einem möglichst langen Leben führen. Nachfolgend die wichtigsten Beispiele:

➤ Hängen Sie im Zimmer der Senioren Bilder auf mit Pfirsichen, Kiefern, Bambus, Kranich und Hirsch. Diese Motive mit hohem Symbolgehalt werden auch oft miteinander zu einem einzigen Bild kombiniert.

➤ Stellen Sie alternativ Statuen oder Objekte mit den oben genannten Motiven auf.

➤ Die wirkungsvollste und in China beliebteste Skulptur für ein langes Leben ist das »Sou-xing«, ein alter Mann, er gilt als Gott der Langlebigkeit. Ebenfalls sehr stark wirken Figuren von Schildkröte und Adler.

➤ Stellen Sie eine Bonsai-Schale auf, mit einem Stein, der einen Berg symbolisiert und einer Kiefer, die für den Bergwald steht.

➤ Kaufen Sie ein chinesisches Glückszeichen, bei dem die Worte »Langes Leben« auf ein rotes Stück Reispapier geschrieben sind, und verstecken Sie es unter der Matratze des Seniors.

➤ Spritzen Sie am Mittag des 1. Januars hochprozentigen Alkohol, der mit einem Kiefernzweig aromatisiert wurde, mit dem Daumen und dem Mittelfinger in das Schlafzimmer des Seniors, bis man die Flüssigkeit deutlich riechen kann.

HILFT FENG SHUI AUCH BEI UNHEILBAREN KRANKHEITEN?

In solchen Fällen zeigen Feng-Shui-Maßnahmen häufig eine gute Wirkung, denn meist sind diese Krankheiten auf ein Sha-Chi im Wohnumfeld zurückzuführen, dem die Patienten Tag für Tag ausgesetzt sind. Um diese schlechten Einflüsse zu mildern und zu absorbieren, gibt es folgende Hilfsmittel:

➤ Bringen Sie Mobiles am Fenster an.
➤ Hängen Sie genau in der Mitte des Hauses eine DNS-Spirale auf.
➤ Stellen Sie einen Kerzenleuchter mit Yin- und Yang-Symbol auf einen in der Mitte des Hauses stehenden Tisch, und zünden Sie ihn ab und zu am Abend an.
➤ Befestigen Sie einen Flaschenkürbis aus Kupfer mit roten Bändern an der Wand und stellen Sie Glückswasser (Zubereitung ➤ Seite 40) auf das Fenster.

WIE KANN ICH KRANKMACHENDE ENERGIE VERTREIBEN?

Mit folgendem Ritual bringen Sie solche Energie aus dem Haus:

➤ Legen Sie je fünf gold- und silberfarbene Papierstücke (5x5 cm) – am besten aus chinesischem Reispapier – auf einen Metallteller.
➤ Legen Sie ein Yin- und Yang-Symbol auf den Tisch. Es kann auch gezeichnet sein.
➤ Drehen Sie den Teller mit den Papieren fünfmal nach links und fünfmal nach rechts um das Yin-Yang-Symbol.
➤ Verbrennen Sie nun das Papier und löschen Sie das Feuer anschließend mit Reiswein.

Diese Maßnahme bedeutet in China so viel wie das Böse mit dem Feuer auszutreiben. Die krankmachende Energie wird hierdurch vertrieben und vernichtet.

KANN DIE LAGE DER TOILETTE AUS-WIRKUNGEN AUF DIE GESUNDHEIT HABEN?

Ja, die Toilette gilt in China als unsauberer Ort, was auch mit dem Wegspülen des schmutzigen Wassers zu tun hat.

➤ Liegt der Hauseingang gegenüber der WC-Tür, kann dies zu Magen- und Verdauungsproblemen führen, in schwierigen Fällen sogar eine Krebserkrankung eintreten. Um dies zu vermeiden, sollten Sie an der WC-Tür ein Yin- und Yang-Symbol anbringen oder zwischen Haus- und WC-Tür eine optische Abtrennung einbauen.

➤ Befindet sich die Toilette gegenüber der Schlafzimmertür oder neben dem Schlafzimmer, kann diese Situation beim Bewohner Kopfschmerzen oder Schlaflosigkeit bewirken und auch zur Verschlimmerung von Krankheiten beitragen. Als Gegenmaßnahme können Sie einen Vorhang aus Perlen am Eingang zum Schlafzimmer aufhängen oder einen Flaschenkürbis oder eine Zeichnung davon an der Innenseite des Schlafzimmers befestigen.

➤ Liegt die Toilette neben der Küche, ist das eine extrem ungünstige Position, weil hier das Element »Wasser« (Toilette) mit dem Element »Feuer« (Küche) in Berührung kommt. In einem solchen Fall können Darm- und Magenprobleme auftauchen, ebenfalls häufig sind geistige und seelische Erschöpfungszustände. Hier sollten Sie die gleichen Gegenmaßnahmen wie für das Schlafzimmer geschildert ergreifen. Positiv wirkt sich auch die Verwendung der Farbe Blau in der Küche aus. Bewährt hat sich auch der Einsatz von blau bemalten Holzgegenständen, die an der Tür aufgehängt werden.

➤ Ist das WC dunkel und ohne Fenster, sollten Sie einen Spiegel oder eine Kristallkugel aufhängen. Hilfreich ist es auch, an der WC-Tür ein rotgefärbtes Metallstück zu befestigen.

HAT DIE PLATZIERUNG DES SCHUH-SCHRANKES NACH FENG SHUI ETWAS MIT DER GESUNDHEIT ZU TUN?

Ja, hier handelt es sich um einen sehr wichtigen Gesundheitsfaktor. Denn die Schuhe stehen im direkten Kontakt mit dem Boden, und sie tragen oft negative Energien aus unterschiedlichen Bereichen, wie zum Beispiel Krankenhäusern, Unfallstellen, Friedhöfen und schmutzigen Orten mit in die Wohnung.

Schuhregale am falschen Ort können zu Husten, Erkältungen und Problemen mit der Nase führen. Deshalb werden sie am besten auf folgende Art aufgestellt und bestückt:

➤ Der ideale Platz ist mit dem Gesicht zum Eingang betrachtet immer auf der rechten Seite der Wohnung. Stellen Sie den Schuhschrank möglichst nie links auf – das könnte sonst zu Problemen vor allem mit dem Sohn führen.

➤ Schuhregale sollten nie höher als ein Drittel der Wand sein. Folgende Regel liegt diesem Ratschlag zugrunde: Das untere Drittel steht für den Bereich Erde, das mittlere symbolisiert den Menschen, das obere den Himmel.

➤ Ist das Regal höher als ein Drittel der Wand, ist es empfehlenswert, oben andere Gegenstände oder nur neue Schuhe einzuräumen oder darauf zu stellen.

➤ Gebrauchte Schuhe können besonders viel negative Energie gesammelt haben und gehören deshalb immer in das untere Drittel des Regals.

GIBT ES EIN GUTES FENG SHUI FÜR DIE SCHWANGERSCHAFT?

Der ideale Sitzplatz für eine schwangere Frau befindet sich am besten im östlichen Teil des Hauses. Ist dort ein Fenster, sollte es ab und zu geöffnet werden, damit gutes Chi hereinströmen kann. Positiv wirkt sich ein Bild an der östlichen Wand mit dem Motiv eines lächelnden Kindes oder einer Melone aus. Ab drei Monaten vor der Geburt sollten Sie Folgendes beachten:

➤ Kein Papier zerreißen oder mit der Schere schneiden.

➤ Nicht mit einer geöffneten Schere auf die Schwangere zeigen oder die Schere so auf den Tisch legen, dass die Spitze auf die Schwangere zeigt.

➤ Nicht gegenüber von Kanten sitzen oder schlafen.

➤ Keine Löcher bohren oder Reparaturen vornehmen.

➤ Nicht umziehen oder die Betten umstellen.

➤ An Haustür oder Schloss keine Änderungen vornehmen.

WIE KANN SICH UNSER KINDERWUNSCH ERFÜLLEN?

Wichtig ist die Stellung des Kopfes beim Schlafen: Man ermittelt die ideale Richtung nach der letzten Zahl des Geburtsjahres des zukünftigen Kindsvaters:

➤ o entspricht Nordwesten, 1 dem Norden, 2 dem Nordosten, 3 dem Osten, 4 dem Südosten, 5 dem Süden, 6 dem Südwesten, 7 dem Westen, 8 dem Südwesten, 9 dem Westen.

➤ In der ermittelten Schlafrichtung kann man noch ein Stück eines Bergkristalles platzieren nach dem Motto: »Der Berg steht für den Nachwuchs, Wasser bedeutet Reichtum«.

➤ Im Schlafzimmer können auch Melonen in Form von Bildern oder Skulpturen zum Einsatz kommen.

FENG SHUI FÜR LIEBE, PARTNERSCHAFT UND KINDER

Der Themenkreis um Liebe, Partnerschaft und Kinder beschäftigt die Menschen in den östlichen Kulturen genauso intensiv wie die im Westen. Im Gegensatz zum Erfolg im Beruf, den man mit Fleiß, Beharrlichkeit und guten Umgangsformen in der Regel erreichen kann, erweist sich das private Glück oft trotz aller Anstrengungen als launisch und wechselhaft. Dazu kommt noch, dass unsere Gesellschaft zwar einer rasanten Entwicklung in Technik und Wissenschaft unterliegt, gleichzeitig aber die zwischenmenschlichen Beziehungen immer mehr zu stagnieren beginnen. Aus der Sicht von Feng Shui muss hier der Energiefluss wieder verbessert werden.

Gott sei Dank ist die wahre Liebe nicht abhängig von Eigenschaften wie Reichtum, Erfolg und Intelligenz. Der Samen der Liebe kann überall hinfliegen und aufgehen – bei den Armen und Reichen, den Dummen und Intelligenten, bei den einfachen Bürgern und der gehobenen Schicht. Und die Liebe hat tausend Gesichter – in China sagt man »Jede Rübe wächst in eine Grube«, was in etwa dem westlichen Ausspruch »Für jeden Fuß gibt es einen passenden Schuh« entspricht. Man muss also nicht unbedingt »der Super-Typ« sein, um Glück in der Liebe zu haben und ein harmonisches Privatleben zu führen. Probleme mit Liebe, Partnerschaft und Kindern jedoch wird es immer wieder geben und es gibt sie schon seit Jahrtausenden – deshalb kann auch die alte Lehre des Feng Shui hier viele Hilfen bieten.

WAS IST LIEBE AUS DER SICHT VON FENG SHUI?

Nach Feng Shui wird jeder Mensch sowohl als Mann als auch als Frau geboren, nur erscheinen beide Körper getrennt und zu verschiedener Zeit in dieser Welt. Eine der Lebensaufgaben des Menschen besteht darin, diese beiden Teile des Ich wieder zu vereinen. Begegnen sich genau diese beiden Körper scheinbar zufällig, entwickelt sich eine magische Anziehungskraft zwischen ihnen und es wirkt, als wäre man nur für den anderen geboren: Es handelt sich um die wahre Liebe! Dieses Phänomen hat nichts mit Reichtum oder Schönheit zu tun, unabhängig davon passen beide Partner einfach ideal zueinander. Diese trostreiche Feng-Shui-Weisheit bestätigt sich seit Jahrtausenden bis heute immer wieder.

Es gibt zwar in jedem Haus eine Partnerschafts-Zone (➤ Seite 27), diese ist jedoch nicht nur für Lebenspartner sondern auch für die Beziehungen zu Geschäfts- und Arbeitskollegen wichtig. Nach den Regeln der Fünf Elemente (➤ Seite 12) können Sie die Energie dieser Zone, die dem Element Erde zugeordnet ist, durch Erde-Accessoires oder Hilfsmittel, die zum fördernden Element Feuer gehören, gezielt aktivieren.

Wichtig für die Liebe ist die Glückszone (➤ nächste Seite). Eine Feng-Shui-Weisheit sagt: »Die Energie der Liebe steckt in der Ecke der Wohnung«. Und tatsächlich lassen sich die meisten Liebesprobleme weder rein wissenschaftlich noch mit Hilfe der Psychologie lösen. Nach Feng Shui basiert die wahre Liebe auf einer sich steigernden, wachsenden Liebesenergie. Diese lässt sich durch bestimmte Feng-Shui-Rituale gezielt so aktivieren, dass sie auf den anderen Teil des »Ichs«, den idealen Partner, überspringt. Auf den nächsten Seiten erfahren Sie mehr darüber.

KANN ICH MIT HILFE VON FENG SHUI MEINEN TRAUMPARTNER FINDEN?

Um dies zu erreichen, muss in der Wohnung zuerst die Lage der Glückszone ermittelt werden. Sie richtet sich nach Ihrem chinesischen Tierkreiszeichen(➤ nächste Seite:)

Osten:	Tiger, Pferd und Hund	Grün, Hellblau
Westen:	Affe, Drache und Ratte	Weiß, Silber
Norden:	Schwein, Hase und Ziege	Schwarz, Dunkelblau
Süden:	Schlange, Hahn und Ochse	Rot, Rosa

Am wirkungsvollsten ist es, wenn das Schlafzimmer in dieser Zone liegt. Ist das nicht der Fall, sollten Sie die positive Energie Ihrer Glückszone mit einer der folgenden Maßnahmen aktivieren:

➤ Stellen Sie dort einen Blumenstrauß passender Farbe (➤ oben rechts) auf.

➤ Richten Sie ein Aquarium mit zwei Goldfischen ein.

➤ Stellen Sie zwei Enten aus Keramik oder Holz auf.

➤ Hängen Sie Bilder mit Glück bringenden Motiven wie Fischen oder einem blühenden Pfirsichbaum mit einem Vogelpaar auf.

WIE KANN ICH HERAUSFINDEN, OB SIE/ER IN MICH VERLIEBT IST?

Schreiben Sie die Geburtsdaten der Person auf ein rotes Reispapier und legen Sie es unter das Kopfkissen Ihres Bettes. Tritt innerhalb einer Woche Folgendes ein, bedarf die Liebe noch einer kräftigen Förderung:

➤ Sie werden krank, haben einen Unfall oder seltsame negative Erlebnisse.

➤ Sie bekommen mehrmals Absagen einer Verabredung.

➤ Die Person geht plötzlich auf Reisen oder besucht für einige Tage die Eltern.

Die Chinesischen Tierzeichen

07.02.1932–25.01.1933	Affe	06.02.1970–26.01.1971	Hund
26.01.1933–13.02.1934	Hahn	27.01.1971–18.02.1972	Schwein
14.02.1934–04.02.1935	Hund	19.02.1972–02.02.1973	Ratte
05.02.1935–23.01.1936	Schwein	03.02.1973–23.01.1974	Büffel
24.01.1936–11.02.1937	Ratte	24.01.1974–10.02.1975	Tiger
12.02.1937–31.01.1938	Büffel	11.02.1975–30.01.1976	Hase
01.02.1938–18.02.1939	Tiger	31.01.1976–17.02.1977	Drache
19.02.1939–07.02.1940	Hase	18.02.1977–07.02.1978	Schlange
08.02.1940–27.01.1941	Drache	08.02.1978–27.01.1979	Pferd
28.01.1941–15.02.1942	Schlange	28.01.1979–15.02.1980	Ziege
16.02.1942–04.02.1943	Pferd	16.02.1980–04.02.1981	Affe
05.02.1943–25.01.1944	Ziege	05.02.1981–24.01.1982	Hahn
26.01.1944–12.02.1945	Affe	25.01.1982–12.02.1983	Hund
13.02.1945–01.02.1946	Hahn	13.02.1983–01.02.1984	Schwein
02.02.1946–21.01.1947	Hund	02.02.1984–19.02.1985	Ratte
22.01.1947–09.02.1948	Schwein	20.02.1985–08.02.1986	Büffel
10.02.1948–29.01.1949	Ratte	09.02.1986–28.01.1987	Tiger
30.01.1949–17.02.1950	Büffel	29.01.1987–16.02.1988	Hase
18.02.1950–06.02.1951	Tiger	17.02.1988–05.02.1989	Drache
07.02.1951–26.01.1952	Hase	06.02.1989–26.01.1990	Schlange
27.01.1952–14.02.1953	Drache	27.01.1990–14.02.1991	Pferd
15.02.1953–03.02.1954	Schlange	15.02.1991–03.02.1992	Ziege
04.02.1954–23.01.1955	Pferd	04.02.1992–22.01.1993	Affe
24.01.1955–11.02.1956	Ziege	23.01.1993–09.02.1994	Hahn
12.02.1956–30.01.1957	Affe	10.02.1994–30.01.1995	Hund
31.01.1957–18.02.1958	Hahn	31.01.1995–18.02.1996	Schwein
19.02.1958–07.02.1959	Hund	19.02.1996–06.02.1997	Ratte
08.02.1959–27.01.1960	Schwein	07.02.1997–27.01.1998	Büffel
28.01.1960–15.02.1961	Ratte	28.01.1998–15.02.1999	Tiger
16.02.1961–05.02.1962	Büffel	16.02.1999–04.02.2000	Hase
06.02.1962–25.01.1963	Tiger	05.02.2000–23.01.2001	Drache
26.01.1963–13.02.1964	Hase	24.01.2001–11.02.2002	Schlange
14.02.1964–02.02.1965	Drache	12.02.2002–31.01.2003	Pferd
03.02.1965–21.01.1966	Schlange	01.02.2003–21.01.2004	Ziege
22.01.1966–08.02.1967	Pferd	22.01.2004–08.02.2005	Affe
09.02.1967–29.01.1968	Ziege	09.02.2005–28.01.2006	Hahn
30.01.1968–16.02.1969	Affe	29.01.2006–17.02.2007	Hund
17.02.1969–05.02.1970	Hahn	18.02.2007–06.02.2008	Schwein

WIE KANN ICH MEINE LIEBESBEZIEHUNG ZUM PARTNER VERBESSERN ODER IHN SOGAR HEIRATEN?

Nach Feng Shui können Sie hierfür folgende erprobte Maßnahmen ergreifen:

➤ Legen Sie einen rosaroten oder hellgelben Teppich (Durchmesser maximal 1 m) in der südwestlichen Ecke der Wohnung aus. Es dürfen jedoch auf keinen Fall Schuhe oder Kleidungsstücke darauf liegen bleiben.

➤ Stellen Sie im Südwesten einen Quarz oder auch einen schönen Bleikristall auf.

➤ Installieren Sie an einer Wand eine romantische Leuchte mit mildem Licht.

➤ Hängen Sie ein Foto des/der Geliebten mit rotem Holzrahmen im Schlafzimmer auf. Die Wirkung kann noch gesteigert werden, wenn Sie persönliche Gegenstände von dieser Person hinter den Rahmen stecken.

➤ Hängen Sie Bilder mit zwei Schmetterlingen oder einem Mandarinenpaar im Schlafzimmer auf.

➤ Bringen Sie einen Fächer mit dem Symbol einer roten Pfingstrose an einer Schlafzimmerwand an.

WAS KANN ICH TUN, UM SELBSTBEWUSSTER AUFZUTRETEN?

Folgende einfache Maßnahmen werden Ihnen helfen, mehr Selbstbewusstsein zu entwickeln und dieses auch gezielt beim anderen Geschlecht einzusetzen:

➤ Gehen Sie zu einem Treffen, sollten Sie immer Schmuck mit der Figur eines Pferdes, Löwen oder Drachen tragen.

➤ Platzieren Sie einen Kristall und einen runden Spiegel mit Metallrahmen im Nordwesten der Wohnung.

➤ Verstecken Sie in diesem Sektor in einem Stoffsäckchen ein paar Schmuckstücke, Walnüsse, Münzen und Sonnenblumenkerne.

WIE KANN ICH MEINE EX-PARTNERIN ODER MEINEN EX-PARTNER ENDLICH VERGESSEN?

In China nennt man die Zerrissenheit zwischen zwei Partnern »mit den Füßen auf zwei Booten stehen«. Häufig ist es so, als hafte der oder die »Ex« immer noch wie ein Schatten auf dem Bewusstsein. Auch bei längst wieder verheirateten Partnern kommt diese Situation oft vor und bildet eine Belastung für die Ehe. Die Ursachen dafür können unterschiedlich sein: Einerseits ist möglicherweise die Liebe in der neuen Beziehung noch nicht ausreichend entwickelt, andererseits können verklärte Erinnerungen an die scheinbar wunderbare Vergangenheit Schuld sein. Wie heißt es so schön: »Erinnerung vergoldet«! Feng Shui kennt auch für diese Situationen entsprechende Maßnahmen:

➤ Wenn Sie ihre Ex-Partnerin endlich vergessen wollen: Zünden Sie in der linken Hälfte (mit dem Gesicht zur Tür betrachtet) des Wohnzimmers ein Räucherstäbchen an. Legen Sie einen persönlichen Gegenstand der jetzigen Freundin oder Frau auf einen Holzteller und gehen Sie damit siebenmal links oder rechts um das brennende Räucherstäbchen. Diesen Vorgang sollten Sie je einmal am Tag an sieben Tagen in Folge durchführen.

➤ Wenn Sie Ihren Ex-Partner endlich vergessen wollen: Führen Sie die geschilderten Maßnahmen mit persönlichen Gegenständen des jetzigen Freundes oder Mannes auf der rechten Seite der Wohnung durch.

TIPP:

Alternativ können Sie am Abend eine schwarze Kerze (sie darf auch selbst bemalt werden) an das Schlafzimmerfenster stellen.

GIBT ES EIN MITTEL GEGEN SEITENSPRÜNGE?

Ja, in solchen Fällen empfehlen sich folgende Feng-Shui-Maßnahmen:

➤ Stellen Sie im Norden der Wohnung eine schwarze, mit klarem Wasser gefüllte Vase auf und stellen Sie eine weiße Blume hinein.

➤ Befinden sich in der rechten Seite des Wohnzimmers (mit dem Gesicht zur Tür betrachtet) Elektrogeräte, sollten Sie sie zur anderen Seite stellen.

➤ Stechen Sie mit einer Nadel in eine Pfirsichblüte (darf auch künstlich sein) und legen Sie letztere unter das Kopfkissen des Partners.

Folgende Maßnahmen verhindern Seitensprünge und aktivieren die eheliche Liebe:

➤ Stellen Sie einen Halbedelstein wie Peridot ins Schlafzimmer.

➤ Hängen Sie ein Windspiel ans Schlafzimmerfenster oder ein grünes Seidenband über die Schlafzimmertür.

WAS KANN ICH GEGEN MANGELNDES VERTRAUEN IN DER PARTNERSCHAFT TUN?

Folgende Maßnahmen können das Vertrauen steigern:

➤ Stellen Sie beim Fenster zwei Schalen mit Pfirsichkernen auf.

➤ Verteilen Sie im Kleiderschrank gelbe und grüne Perlen.

➤ Stellen Sie einen Bonsai, am besten Kiefer, mit einigen Steinen ins Wohnzimmer.

➤ Füllen Sie Bambusblätter, Kiefernnadeln und Pflaumenkerne in ein Stoffsäckchen und verstecken Sie es im Schlafzimmer.

➤ Hängen Sie Bilder mit Garten-, Blumen-, Orchideen-, Pfingstrosen- oder Elstermotiven auf.

GIBT ES EIN MITTEL GEGEN ZUNEHMENDE EINTÖNIGKEIT IN DER PARTNERSCHAFT?

Damit die Anziehungskraft wieder zunimmt, sollten Sie einige der folgenden Maßnahmen ergreifen:

➤ Verwenden Sie silbrig glänzende Stoffe.

➤ Stellen Sie einen Yin- und Yang-Kerzenhalter in der Mitte der Wohnung auf.

➤ Hängen Sie goldenen Schmuck (kann auch Modeschmuck sein) über die Bettpfosten.

➤ Platzieren Sie einen Spiegel mit Goldrahmen im Süden des Wohnzimmers.

➤ Hängen Sie einen weißlichen Quarz ins Fenster.

➤ Tragen Sie Schmuck mit kleinen Figuren wie Pferd, Vogel, Elefant, Drachen, Krebs oder Schildkröte.

➤ Legen Sie ins Bücherregal Zündhölzer, ein Automodell und Münzen sowie kleine Metallgegenstände dazwischen.

KANN FENG SHUI DIE SEXUELLE HARMONIE STEIGERN?

Es gibt folgende altbewährte Regeln und Maßnahmen:

➤ Wählen Sie Schlafzimmer-Möbel mit abgerundeten Ecken und Lampen mit sanftem Licht.

➤ Hilfreiche Accessoires sind rote Kerzen und eine Schale mit verlockenden Früchten wie Pfirsichen oder Aprikosen.

➤ Stellen Sie einen Turmalin oder Rosenquarz in die Nähe des Bettes oder hängen Sie grüne Jade an einem roten Band an die Wand.

➤ Binden Sie ein gelbes und ein rotes Seidenband zusammen und legen Sie es unter das Bett.

➤ Orchideen symbolisieren Erotik und Liebe. Eine Pflanze oder ein Orchideen-Bild sind daher ideal fürs Schlafzimmer.

DIE WICHTIGSTEN MASSNAHMEN ZUR FÖRDERUNG DER LIEBESENERGIE

➤ Überladen Sie das Schlafzimmer nicht mit Möbeln.

➤ Wählen Sie für diesen Raum nicht zu bunte Farben.

➤ Achten Sie darauf, dass sich zwischen Tür und Bett keine Hindernisse befinden.

➤ Platzieren Sie über dem Bett keine Lampen und stellen Sie es nicht direkt unter Balken.

➤ Hängen Sie nicht mehr als zwei Spiegel auf und auch keinen gegenüber dem Bett.

➤ Benützen Sie auch ab dem Abend keinen Schlafzimmerspiegel mehr.

➤ Stellen Sie Vasen nicht höher als 1,50 m über dem Boden auf.

➤ Es ist günstig, wenn auf dem Schlafzimmertisch ein paar Bücher oder CDs liegen.

➤ Förderlich ist auch ein Glas mit Wasser auf dem Nachttisch.

➤ Gut wirkt ein Mandarinenpaar aus Bambus im Schlafzimmer.

➤ Im Südosten des Raums ist ein roter Gegenstand oder ein Bild mit viel Rot vorteilhaft.

➤ Entfernen Sie alles, was an Ex-Partner erinnert, aus dem Schlafzimmer.

➤ Betreten Sie das Schlafzimmer nicht mit Straßenschuhen, am günstigsten ist es, wenn Sie barfuß hineingehen.

➤ Beseitigen Sie jede Unordnung im Schlafzimmer.

➤ Bewahren Sie schmutzige Wäsche nicht hier auf.

➤ Lassen Sie keine Haustiere in diesem Raum schlafen.

➤ Bemalen Sie am südwestlichen Eck des Wohnzimmers eine kleine Fläche mit gelben und rote Streifen.

➤ Ziehen Sie im Bad bei genügend Licht eine rosafarbene Blütenpflanze oder einen Bonsai.

➤ Geben Sie bei jedem Bad nach Möglichkeit ein paar frische Blüten mit ins Wasser.

KANN MAN MIT FENG SHUI STÄNDIGEM PECH IM LEBEN VORBEUGEN?

Man könnte dieses Problem auch wie folgt umschreiben: »Warum trifft es ausgerechnet immer mich?« Es handelt sich hier nicht um menschliches Versagen, sondern um Schicksalsschläge – sie scheinen oft unvermeidlich. Feng Shui kennt hierzu jedoch sehr viele Gegenmaßnahmen:

➤ Hängen Sie an das Fenster einen grünen Drachen, den Sie selbst aus Papier basteln oder kaufen können.
➤ Stellen Sie einen ausgehöhlten, mit Wasser gefüllten Flaschenkürbis auf den Tisch.
➤ Befestigen Sie an der Wand ein rundes, rot gestrichenes Stück Holz.
➤ Tragen Sie immer ein Tiersymbol aus Metall, zum Beispiel Löwe, Tiger, Drache oder Hahn bei sich.
➤ Stellen Sie eine moderne Skulptur aus Bambus oder auch aus einem Bambusstamm an der Westseite der Wohnung auf.

Als ausgesprochen hilfreich für die Abwehr von ständigem Pech gilt in China übrigens auch ein Besen, der im Idealfall aus Bambusreisig gebunden sein soll. Mehr dem westlichen Geschmack entspricht die Verwendung von Orangen und Zitronen als wirkungsvolles Abwehrmittel gegen immer wiederkehrendes Unglück. Am besten stellen Sie sie in der Mitte der Wohnung in einer Schale auf einen Tisch. Es dürfen übrigens durchaus auch künstliche Zitrusfrüchte sein.

GIBT ES EINE BESTIMMTE ZONE, IN DER SICH DIE SCHULLEISTUNG DES KINDES VERBESSERN LÄSST?

Ja, es gibt einen sehr förderlichen Bereich, den wir »Wen Chan Wie« nennen. Seine Lage wird nach der letzten Zahl des Geburtsjahres des Kindes ermittelt:

Ist die letzte Zahl 0, liegt diese Zone in Nordwesten
Ist sie 1, liegt sie im Norden
Ist sie 2, liegt sie im Nordosten
Ist sie 3, liegt sie im Osten
Ist sie 4, liegt sie im Südosten
Ist sie 5, liegt sie im Süden
Ist sie 6, liegt sie im Südwesten
Ist sie 7, liegt sie im Westen
Ist sie 8, liegt sie im Südwesten
Ist sie 9, liegt sie im Westen

Genau in dieser Zone befindet sich der ideale Platz für den Schreibtisch des Kindes. Ist dies nicht möglich, helfen die folgenden Maßnahmen:

➤ Hängen Sie einen großen oder vier kleine, dekorative Aquarellpinsel an die Wand.
➤ Stellen Sie pyramidenförmige Kristalle auf.
➤ Schreiben Sie mit weißer Schrift einen lehrreichen Satz auf ein farbiges Papier und hängen Sie es in einem hellgrünen Rahmen auf.

HINWEIS:

Die Kinder-Zone (➤ Seite 28) der Wohnung hingegen ist nicht nur für Kinder, sondern auch für die Kreativität der Bewohner wichtig. Um sie zu fördern, sollte man die Energie dieser Zone mit den für sie genannten Hilfsmitteln aktivieren.

WAS KANN ICH GEGEN NERVOSITÄT UND ÜBERMÄSSIGEN BEWEGUNGSDRANG DES KINDES TUN?

Durch Aufregungen, die vielfältige Reizüberflutung unserer Medien, aber auch durch Unkonzentriertheit und Zorn kann die Leistungsfähigkeit und das Denkvermögen des Kindes geschwächt werden. Häufig entwickelt es sich zu einem »Zappelphilipp«, der nicht mehr stillhalten kann. Auch dagegen hat Feng Shui einige seit langem bewährte Maßnahmen anzubieten:

➤ Reduzieren Sie in Räumen, in denen sich das Kind viel aufhält, die Farben Rot und Grün.
➤ Verwenden Sie im Kinderzimmer und für die Kleidung Ihres Kindes dafür mehr Blau, Schwarz, Gelb und Orange.
➤ Stellen Sie nicht zu viele und nicht allzu bunte Zimmerpflanzen in der Kinderzone auf. Ein Bonsai dagegen beruhigt und ist daher empfehlenswert.
➤ Verteilen Sie blau oder lila bemalte Steine in mehreren Ecken des Kinderzimmers oder auf dem Schreibtisch des Kindes. Besonders gut ist es, wenn Sie sie selbst bemalen.
➤ Entfernen Sie jedoch reflektierende Kristalle unbedingt aus dem Kinderzimmer.
➤ Günstig sind auch nette Bilder von Hund, Katze, Pandabär, Stier oder Insekten an der Wand.
➤ Sie können zusätzlich ein paar kleine Steine, einige Mais- oder Reiskörner, etwas Mehl, ein bisschen getrocknetes Gras und ein Stück blaues Papier zusammen in ein Stoffsäckchen nähen und dieses unter das Kinderbett legen.

MEIN KIND WIRKT ETWAS SCHWÄCHLICH, WIE KANN ICH IHM HELFEN?

Für Kinder, die physiologisch gesund sind, einen gesunden Appetit haben und dennoch etwas schwach wirken, können folgende Hilfsmittel eingesetzt werden:

➤ Stellen Sie einen Hahn aus Keramik oder Holz auf ein Fensterbrett nahe am Bett oder hängen Sie ein grün gefärbtes, handgemachtes Band aus Naturfasern darüber.

➤ Hängen Sie den gerahmten Scherenschnitt eines Hahnes auf. (Vorsicht: Nur einen Hahn pro Zimmer verwenden!)

➤ Platzieren Sie eine Pfauenfeder, einen Fächer, einen Bambusstamm oder das Modell eines Schiffes im Zimmer.

➤ Hängen Sie Bilder mit Blumen-, Flugzeug-, Wald- oder Gemüsefeld-Motiv auf.

WAS KANN ICH GEGEN DAS RESPEKTLOSE VERHALTEN MEINES KINDES TUN?

Auslöser können hier zum Beispiel Streitigkeiten mit den Eltern oder Geschwistern sein. Dies kann sogar so weit führen, dass das Kind von zu Hause wegläuft. Folgende Feng-Shui-Maßnahmen können helfen:

➤ Wickeln Sie je 5 Aprikosen-, Pfirsich-, Pflaumen- und Kirschkerne in ein Taschentuch und legen Sie es unter das Kopfkissen des Kindes. Alternativ kann das Kind es auch bei sich tragen.

➤ Stellen Sie am 1. oder 6. des Monats eine Schale mit Wasser, etwas Salz, einigen Tropfen schwarzer Tinte und Alkohol auf das Fenster des Kinderzimmers.

➤ Hängen Sie ein Regenbogen-Bild auf.

➤ Stellen Sie eine Schale oder einen Pokal aus Metall auf.

➤ Einen positiven Einfluss haben auch Musikinstrumente wie Gitarre oder Klavier, selbst als Modelle.

GLOSSAR

Bagua: Neunteiliges Raster zum Aufteilen der Grundrisse von Haus, Garten und Raum. Jede Zone entspricht einem Lebensaspekt, einer Körperregion und einem Familienangehörigen.

Chi: Lebensatem, Lebensenergie und Vitalität. Ohne Chi kann nichts existieren. Chi verbindet alles mit allem. Es gibt eine gute Energie, die Chi oder auch Sheng Chi genannt wird. Sie ist positiv, heilsam und fördert Gesundheit, Glück und Wohlbefinden. Es gibt aber auch eine schlechte Energie, die wir Sha-Chi nennen (s. dort).

Fünf Elemente: Sie werden Holz, Feuer, Erde, Metall und Wasser genannt und repräsentieren alles, was uns umgibt: Die Jahres- und Tageszeit, Körperorgane, Gefühle etc. Jedes Element steht über einen fördernden und einen kontrollierenden Kreislauf mit den anderen in Verbindung.

Harmonie: Der Idealzustand, bei dem sowohl bei Yin und Yang als auch bei den Fünf Elementen völlige Ausgewogenheit herrscht. Harmonie ist das Ziel einer jeden Feng-Shui-Maßnahme.

Hilfsmittel: Gegenstände oder Pflanzen, mit deren Hilfe die Harmonie von Yin und Yang und der Fünf Elemente wieder hergestellt werden kann. Sie bieten auch Schutz und Abwehr vor Sha-Chi.

Sha-Chi: Eine kontraproduktive Kraft, sie behindert die Harmonie im Leben.

Yin und Yang: Die zwei gegensätzlichen und sich ergänzenden Energieformen im Universum. Yin steht u. a. für Passivität, Weiblichkeit, Kälte und Dunkelheit. Yang dagegen für Aktivität, Männlichkeit, Wärme und Helligkeit.

Literatur, die weiterhilft

Fahrnow J. M., Fahrnow J. H. und Sator, G.: *Feng Shui in der Küche.*
Gräfe und Unzer Verlag, München

Fahrnow J. M., Fahrnow J. H. und Sator, G.: *Feng Shui und die 5-Elemente-Küche.*
Gräfe und Unzer Verlag, München

Knauss, H.: *Feng Shui für Tiere.*
Gräfe und Unzer Verlag, München

Qian, J.: *Feng Shui für Haus und Garten.*
Gräfe und Unzer Verlag, München

Sator, G.: *Feng Shui – Die Kraft der Wohnung entdecken und nutzen.*
Gräfe und Unzer Verlag, München

Sator, G.: *Feng Shui for love.*
Gräfe und Unzer Verlag, München

Sator, G.: *Feng Shui für jeden Garten.*
Gräfe und Unzer Verlag, München

Sator, G.: *Feng Shui für Kinder.*
Gräfe und Unzer Verlag, München

Sator, G.: *Feng Shui – Garten für die Sinne.*
Gräfe und Unzer Verlag, München

Sator, G.: *Feng Shui – Harmonie in Partnerschaft & Liebe.* Gräfe und Unzer Verlag, München

REGISTER

Dank des Autors

Mein herzlicher Dank gilt meinem Freund Thomas Neder für die Durchsicht des Manuskripts. Mein besonderer Dank gilt aber meinem Großvater und Vater für ihre Unterweisungen im Umgang mit Feng Shui sowie auch meiner Frau Aie, meiner Tochter Linli, meinem Sohn Xinxin, deren Dasein mir Motivation und Kraft gegeben haben.

Jie Qian, Postfach 500 484, 80975 München

Die Fotografen
Manfred Jahreiß: U4 o. mi.; Jahreszeiten Verlag: U1;
Tom Roch: U4 o. li.; U4 u. li.; Studio Schmitz: U4 o. re,
U4 u. mi.; U4 u. re.

Die beiden Zeichnungen stammen von Heidemarie Vignati.

Redaktionsleitung: Doris Birk
Redaktion: Jolanda Englbrecht, Silvia Herzog
Umschlaggestaltung und Layout: Independent Medien-Design, München
Produktion: Helmut Giersberg
Satz und Layoutrealisierung: Buch & Grafik Design, Günther Herdin GmbH, München
Druck und Bindung: Ludwig Auer GmbH
ISBN 3-7742-4796-X

Auflage	5.	4.	3.	2.	1.
Jahr	2004	03	02	01	00